U0450706

唤醒孩子的学习脑

魏坤琳 著

浙江人民出版社

图书在版编目（CIP）数据

唤醒孩子的学习脑 / 魏坤琳著. -- 杭州：浙江人民出版社，2024.5
ISBN 978-7-213-11389-5

Ⅰ. ①唤… Ⅱ. ①魏… Ⅲ. ①学习方法－家庭教育 Ⅳ. ① G791 ② G782

中国国家版本馆 CIP 数据核字（2024）第 054514 号

唤醒孩子的学习脑
HUANXING HAIZI DE XUEXI NAO

魏坤琳　著

出版发行	浙江人民出版社（杭州市体育场路 347 号　邮编　310006）
责任编辑	徐　婷
责任校对	陈　春
封面设计	沐希设计
电脑制版	刘龄蔓
印　　刷	三河市中晟雅豪印务有限公司
开　　本	700 毫米 ×980 毫米　1/16
印　　张	19
字　　数	245 千字
版　　次	2024 年 5 月第 1 版
印　　次	2024 年 5 月第 1 次印刷
书　　号	ISBN 978-7-213-11389-5
定　　价	59.80 元

如发现印装质量问题，影响阅读，请与市场部联系调换。
质量投诉电话：010-82069336

序 言
读懂大脑，让孩子真正地学有所成

因为担任过脑力竞技类电视节目的科学评审，我被问得最多的就是与脑力和聪明相关的问题，特别是如何让孩子变聪明。成为父亲之后，这些也变成了我自己感兴趣的问题。从一个研究脑科学的科研工作者的角度出发，我的问题主要聚焦于每个孩子都不同，科学界有没有找到一些普适的、靠谱的科学育儿的方法，能促进孩子的认知能力的发育？答案当然是有，而且有很多。

于是，通过文字、音视频、线下讲座等多种形式，我有幸和数百万家长朋友分享育儿心得，回答了许多关于孩子成长方面的问题。我注意到，在这些问题中，80%以上都与孩子的学习有关，无论是幼儿园还是中小学阶段，中国家长普遍关注的焦点始终围绕在孩子的学习上。更准确地说，家长关心的学习特指语文、数学、英语等学科学习以及钢琴、舞蹈、棋类等技能性特长的培养。

不过，相对于对学科知识和技能特长的掌握，您手头的这本书更关注孩子对学习方法和规律的掌握，对学习动机的保持。

一直以来，我认为与其关注孩子短期的学习效果，不如培养孩子终身学习的意愿和习惯。除此之外，还需要扩展一下学习的范围，将情绪管理、社会交往等能力纳入孩子的学习范畴。只有如此，孩子才能真正把握学习的本质，更好地应对未来。

在《唤醒孩子的学习脑》一书中，我将带你认识大脑，比如解释孩子学习不好和大脑是否聪明之间的关系。书中的第二、三、四章，详细探讨了学科学习、终身学习、情绪社交学习等多个方面中的大脑发展规律，并提供了支持大脑发展的具体方法。比如，底层的数学思维是哪三类，以及如何培养孩子的数学思维；为什么元认知能力对学习非常重要，以及如何让孩子拥有练习的元认知，从而掌握高效学习的秘诀；人的大脑天生拥有感同身受的神经基础，那么应该如何培养同理心，增强孩子的社交能力和幸福感；在关注他人及外界的同时，如何培养孩子的敬畏心，让他对自己、社会和整个世界有更全面、更真实的认识。最后，在全书的尾声，我分享了日常生活中如何正确应用亲子互动方法，建立良好的亲子关系，从而滋养孩子的大脑，更有效地唤醒孩子的学习脑。

此外，全书各章的结尾部分都详细解答了家长们经常问到的一些比较重要的问题，比如"孩子对短视频上瘾怎么办""ChatGPT来了，我该怎么培养孩子应对未来"，希望对这些问题的梳理能够带给你一些启发。

从咿呀学语开始，孩子好奇地探索着周边世界的一切，像海绵一样吸收着知识。他们天生就热爱学习。大人们的焦虑，甚至是急功近利，才让我们忽视了孩子大脑发展的规律，也让孩子主动学习的意愿沉睡。"教育的本质是心灵教育，是一棵树摇动另一棵树，一朵云推动另一朵云，一个灵魂唤醒另一个灵魂。"我希望，这本《唤醒孩子的学习脑》能够带你读懂大脑，帮你唤醒孩子的学习脑，让孩子体验学习的快乐，成为学有所成的终身学习者；我也希望，这本集结了我对孩子学习问题的思考结果的书，能够成为你在养育、教育之路上的帮手，助你更好地享受陪伴孩子的独特旅程。

尊重孩子大脑的发展规律，做不焦虑的父母。共勉。

目 录

01 认识大脑，什么是真正的聪明

"我的孩子好像不够聪明"——你误解了智力　　003
提升孩子的反省智力　　009
别陷入"伪科学脑力提升术"的误区　　013
孩子大脑发育异常怎么办？　　021

Dr. 魏解惑课堂
为什么聪明的孩子，最后却变傻了？　　032

02 理解大脑（一）：
让学科启蒙轻松而高效

识字启蒙：陪孩子进入奇妙的文字世界　　　　　037
阅读引导：如何让孩子爱上阅读　　　　　　　　045
培养数学思维：孩子数学早开窍的秘密　　　　　055
英语启蒙与进阶：如何培养双语"牛娃"　　　　064
越运动，越聪明　　　　　　　　　　　　　　　071

Dr. 魏解惑课堂

错过了"关键期"怎么办？　　　　　　　　　　081
孩子对短视频上瘾怎么办？　　　　　　　　　　084

03 理解大脑（二）：
为孩子打造受用一生的学习能力

"我怎么背也记不住"——轻松记忆的方法　　　089
"我总是走神儿"——其实专注并不难　　　　　099
"别再磨蹭啦"——比吼叫更有用的是什么　　　107
假装游戏：激发孩子的想象力和推理能力　　　　113
元认知能力：让孩子掌握学习的"高阶思维"　　121
掌握练习的元认知　　　　　　　　　　　　　　131

科学练习：拒绝枯燥的重复 136
压力训练真的有用吗？ 143
"为什么车轮不是方的呀"——允许孩子胡思乱想 152
引导孩子成为终身学习者 161

Dr. 魏解惑课堂

"孩子不开窍，我心里很慌，我该怎么办？" 171
"我家孩子3岁就会背《唐诗三百首》" 174
整理错题本有意义吗？ 175

04 尊重大脑，帮孩子提升情绪能力、自控能力及社交能力

孩子无理哭闹，情绪背后的需求你看见了吗？ 179
理解情绪，引导孩子做情绪的主人 187
孩子管不住自己怎么办？ 193
参与打闹游戏，适应人际关系规则 202
"我家有个小皇帝" 210
敬畏教育，让孩子理解自己与世界的关系 220
孩子胆小害羞怎么办？——看见内向者的天赋 228

Dr. 魏解惑课堂

疫情后孩子变笨了？ 237

05 顺应大脑，亲子关系大于一切

拒绝无效表扬：为什么"你真棒"没有用？	241
科学地批评，唤醒孩子的自省能力	249
优势养育，让孩子成为他自己	259
和孩子站在一起，营造安全的环境	268
别做"全年无休"的妈妈	275
父母必备的脑科学育儿线路图	283

Dr. 魏解惑课堂

"ChatGPT 来了，我该怎么培养孩子应对未来？"	292

01

认识大脑，
什么是真正的聪明

"我家孩子好像不太聪明。"
"他什么都记不住,是不是智商不太高呀?"
"他似乎天生就不是学习的料。"
…………
这样的结论,既误解了孩子,也误解了聪明。
一个你认为在学习上"不太聪明"的孩子,也可能有他自己的"天赋点"。

孩子的大脑是具有可塑性的,在父母的正确引导下,他们的大脑会像海绵一样,不断吸收新的信息,适应新的环境。
我们可以给孩子提供一个丰富、刺激且恰当的外部环境,让他们尚在发育中的大脑得到充分的发展。

"我的孩子好像不够聪明"
——你误解了智力

在参加有关脑科学或儿童教育的科普活动时,经常有家长向我提问:"为什么别人家的孩子学习时不费吹灰之力,我家孩子却要费九牛二虎之力,是不是他的智商比别的孩子低?"的确,这是困扰很多家长的一个问题。

网络上有些短视频很容易引起家长的共鸣,如辅导孩子写作业时,家长忍不住火冒三丈,甚至还有新闻报道说家长被孩子气得脑出血住进了医院。

面对此情此景,我们不禁要问:"孩子真的是智商低、不聪明吗?"

💡 什么是真正的聪明?

提到聪明,很多人的第一反应就是智商高。没错,智商的确反映了一个人可测量的智力水平。常见的智商测试主要包含数字、图形、文字规律的考查。另外，人的逻辑推理能力、记忆水平、运算速度和语言水平也在考查范围内。这种考查看起来是不是就像做考试题一样？的确如此，智商测试的目的就是预测一个人未来的学业成就。

科学研究表明，智商和遗传基因密切相关，人类的智商水平呈正态分布。我们可以来做个比喻，如果把智商看作父母给未出生的孩子买的一张船票，那么大多数孩子拿到的船票是数量最多的普通舱，这个比例大概为68%，这一部分人的智商在 85～115 之间，而拿到头等舱和廉价舱船票的孩子只占据很小的比例。

因为在北京大学教书，这些年我经常接触许多高考中的佼佼者，他们就属于拿到头等舱船票的一类人。但进入北大之后，这些天选之子的表现却千差万别。每年都会有逃课、不及格，甚至自己主动退学或被学校劝退的学生。这些年，我带过的毕业班学生也很多，经我观察发现，很多同一专业、成绩不相上下的学生，在进入社会之后，个人的发展水平会逐渐显现出差距，有些甚至是天壤之别。

难道是这些聪明人变傻了吗？——当然不是。这只能说明，智商仅仅是聪明的一部分。我们所说的聪明实际上是一个比较宽泛的心智概念。智商高，只意味着一个人在某些方面的水平高，比如与学习相关的能力比较强，但是智商并不能囊括聪明的全部内容。

💡 影响孩子智商的真智力理论

在认知科学领域，真智力理论的影响非常大，我个人也比较认同这一理论。这一理论归纳起来主要有三个方面。

1. "虎父无犬子"是真的吗？——智商

智商也叫作神经智力。

经常有家长向我咨询：如何让自己的孩子变得更聪明？他们口中的"聪明"主要指的就是神经智力。智商受到遗传基因的影响，一般表现为父母智商越高，孩子越聪明。但是，智商也会出现均值回归的情况。也就是说，父母的高智商并不一定会全部遗传给孩子，孩子的智商可能会趋向于大众水平。曾经有北大教授自嘲自家的孩子是"学渣"，说的就是这个道理。

有些家长可能会有这样的疑问：孩子的智商能否通过某些手段进行干预并得到提高呢？答案是肯定的，人的神经智力是可以进行后天干预的。

从孩子出生开始，大脑中的神经元之间就在快速建立连接，整个大脑的神经系统伴随着孩子的成长，进入迅猛发育阶段，此时的大脑就像是一个各类植物在疯狂生长的花园。到孩子两岁左右，神经元的连接——突触的数量比成年人还要多。

过了这个时间节点，大脑中神经元的连接就会逐渐呈现出削减趋势。当然，这并不意味着孩子的大脑开始走下坡路了。恰恰相反，这是大脑节省能量、提高效率的一种表现。为什么这么说呢？因为此时大脑中没有被利用到的神经元连接逐渐消失，而那些经常受到刺激的连接则被保留下来，并不断得到加强。这就好比花园里的花草树木，那些得到精心照料、养分充足的植物往往长得格外茂盛，而那些不受重视、养分不足的植物，自然而然就枯萎了。这样的过程就是"用进废退"的天然选择。

人的大脑是具有可塑性的。相对于成年人来说，儿童和青少年时期的大脑正处于发育阶段，可塑性更强。所以，尽管大部分的孩子拿到的是普通舱的船票，但在他的成长发育阶段，我们仍然可以通过给他提供丰富、适当的外部刺激,从而塑造一个相对更聪明的大脑。

那么什么是丰富、适当的刺激呢?

在平时的生活中,家长不妨多陪孩子做一些运动,设置一些关卡和任务,激发孩子的求知欲和好胜心。无论是唱歌、跳舞,还是读书、做游戏,这些看似简单的活动,都能有效激活孩子大脑中负责语言、逻辑思维、运动的脑区。这些活动都可以被称为适当、积极的刺激。

不过,在此要特别强调,后天干预对智商的提升作用是相对有限的,家长们一定要注意科学养育。我们能做的是——尽可能地促进孩子的智商发育到他天赋的"天花板"。如果一味地揠苗助长,让孩子的大脑超负荷运转,反倒会事与愿违。

2. 成功来自坚持不懈的重复——经验智力

经验智力指的是人在某个领域经过长时间积累而具备的一种应对问题的能力。如果你是医生,看的病人越多,你的治疗经验也就越丰富。这同样适用于人类其他的学习活动——在某一领域投入的时间和精力越多,积累的知识和技能可能就会超过其他人,这就是经验智力。

经验智力的获得并不容易,它要求长期的学习和积累。可是孩子的自控力恰恰是相对较差的,让他们持之以恒地做一件事情并不容易。比如在坚持练琴这件事上,我就不止一次听到家长抱怨"不练琴母慈子孝,一练琴鸡飞狗跳",气恼中透着无奈。

有什么好方法能让孩子将一件事情坚持做下去呢?根据我多年的经验和观察,让孩子持续拥有获得感十分重要,家长们可以尝试从这个角度去引导孩子。

举个简单的例子。倘若家长希望提升孩子的英语水平,那么在给孩子选择英语读物时,首先要从孩子的兴趣点和理解能力出发,选择孩子感兴趣且难度适中的读物。太艰深的内容会让孩子心生畏惧,半途而废就不可避免；相反，过于简单的书又会让孩子觉得缺乏挑战，无法激起孩子阅读的兴趣。因此，最合适的引导方法是循序渐进地给孩子安排阅读内容，与阅读量相比，内容的选择更为关键。

同时，我也鼓励家长营造与孩子一起阅读的氛围，每天记录孩子的阅读情况，让孩子清晰地看到自己一点一滴的阅读积累，这无疑会大大提高孩子的阅读积极性。通过一段时间的共同阅读，可能孩子自己都会大吃一惊："妈妈，我竟然读了这么多！妈妈，我一开始只能读一页啊，现在我每天能读十多页了。估计半年之后，我每天能看一本书了！"这时候，再配上家长的肯定和鼓励，孩子就会更有信心和动力去坚持阅读，甚至还会自己主动制定新的阅读目标。

3．多维思考能力——反省智力

与前面提到的神经智力和经验智力相比，反省智力更容易被人们忽视。

什么是反省智力呢？简单来说，一个人从不同角度思考问题的能力、面对困难的态度、自我反思的意识等，都属于反省智力。

我们还是以本节开头提到的"船票"为喻，即便你的孩子幸运地拿到了头等舱的船票，他就一定能顺利抵达终点吗？在陆地出生并长大的他，能迅速适应水上的生活吗？面对船只触礁将沉的险境，他能临危不惧，努力让自己脱险吗？种种磨难会成为他未来航程的财富还是阴影呢？上面这些能力都和反省智力有着密切联系，却很难通过智商测试测出来。然而，有时候恰恰是这些难以量化的"聪明"，才是决定个人命运的关键因素。

Dr. 魏的课堂小结

- 智商只是"聪明"的一部分，我们所说的"聪明"实际上是一个比较宽泛的心智概念。
- 真智力理论认为"聪明"由三个方面构成：神经智力、经验智力、反省智力。神经智力指的就是智商；经验智力指的是人在某个领域经过长时间积累而具备的一种应对问题的能力；而反省智力则包括很多方面的能力，如一个人从不同角度思考问题的能力、抗挫折的能力和自我反思的能力等。
- 后天干预对智商的提升作用是相对有限的，家长可以做的是提供丰富、恰当的外部刺激，让孩子的智商发育到他天赋的"天花板"。
- 想要提升孩子的经验智力，可以让孩子持续拥有获得感。
- 反省智力无法被量化，最容易被忽视，但对人的成长与发展十分重要。

提升孩子的反省智力

反省智力涉及的内容有很多,心理学上经常提到的思维灵活性、同理心、抗挫折能力以及反思能力和自控能力,都属于反省智力的范畴,它们也常常被视为一个人综合素质的体现。不过,这些能力并非高不可攀,比如与孩子聊天就是提升反省智力的有效方法之一,只不过很多家长与孩子的聊天常常是无效的。

看似司空见惯的聊天,其实暗藏玄机。作为家长,应该如何选择聊天的时机,又该与孩子聊点儿什么呢?

设想一下,孩子放学回家后只顾着玩游戏,将作业抛在了脑后,见此情景,家长火冒三丈,将孩子训斥了一顿,最后孩子在抽噎中把功课做完。如果遇到同样的情况,你会怎么做呢?我的建议是,第二天主动找孩子聊聊前一天晚上发生的事情。

"昨天你因为贪玩忘记了写作业,我当时很生气,一方面担心你做不完作业,另一方面还怕你睡觉太晚了,所以对你的态度不是特别好,妈妈给你道歉了。"

"妈妈,我今天回家先做作业。"

"好呀,其实你昨天也很着急,对吧?"

"是啊,我真的没想起来,不是故意的。"孩子有点儿委屈地说。

"我知道了,那咱们一起想想有没有办法避免下次忘记呢?"

"我下次回家之后,第一件事先想一下今天有没有作业,应该就不会忘了。"

"嗯,我有时候也忘事情,我的方法是写下来,做完一件事就划掉一件事。"

"也行,但是我写字慢,太耽误时间了,不过我可以做个记号。"

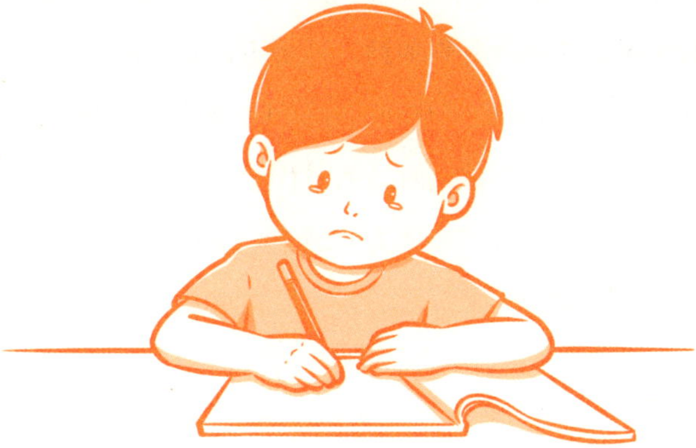

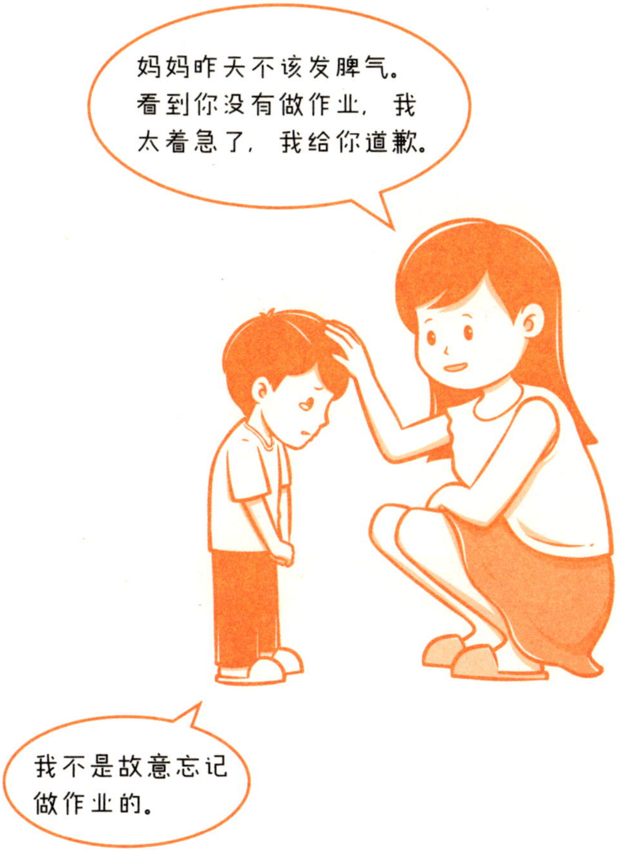
妈妈昨天不该发脾气。看到你没有做作业，我太着急了，我给你道歉。
我不是故意忘记做作业的。

在聊天的过程中,你带孩子回忆了前一天发生的事情,你描述了情绪,说明了生气的原因。孩子听完你的话,理解了你发火的原因,主动表示将做出行动上的调整。不仅如此,你还引导孩子一起思考解决问题的方法。

语言是思维的工具,在你们对话的过程中,孩子的大脑其实正在高速运转——努力认知,理解自己及他人的情绪,反省自己的行为,并加以改进。由此可见,善于聊天的父母就是在"润物细无声"中,培养和提高了孩子的反省智力。

2021年发表在英国期刊《发展认知神经科学》(*Developmental Cognitive Neuroscience*)上的一项关于儿童语言环境与认知发展的关系的研究发现,亲子间的互动交流会对相关大脑区域的皮层生长产生作用,从而促进孩子的语言发展。但需要强调的是,与孩子聊天时,一定要注意在轻松愉快的氛围下,特别是面对那些内向、腼腆的孩子,家长要做的只是释放善意、循循善诱,不要强迫他去表达自己的想法。虽然表面上看起来,这样的孩子不爱说话,但这并不意味着他不会思考。

先天的智商部分地决定了一个人聪明的上限,而后天的成长环境和养育方法则决定了聪明的下限。不是每个孩子都能考上名校,但科学的养育方法,能让他们成为更好的自己。作为父母,与其期待孩子是个天才,不如当好园丁,给孩子提供一个丰富、稳定、安全的成长环境,让孩子如同花园里的花朵一样,绽放出属于自己的迷人光彩。

Dr. 魏的课堂小结

- 聊天是提升孩子反省智力的有效方法之一。
- 家长要学会和孩子正确地聊天:回忆事件,描述情绪,引导孩子共同思考解决问题的方法。营造愉悦的聊天氛围,不要强迫孩子表达。

别陷入"伪科学脑力提升术"的误区

不少家长都有这样的困扰:"为什么能出口成章的总是别人家的孩子,我家孩子的表达能力却很差?""孩子是不是语言发育迟缓?有什么脑力锻炼可以改善这种情况吗?"

现在市面上充斥着各种开发大脑的商业广告,这些广告大都夸大宣传其立竿见影的效果。其实,所谓的"开发大脑"只是商家戳中家长痛点的概念炒作而已。在此,我想给大家梳理一下当下十分流行的几种"伪科学脑力提升术",以免家长上当受骗。

💡 危言耸听的感觉统合失调

在幼儿园或早教机构,家长们经常会碰到有人推销"感觉统合课程",或者是带有感觉统合理念的运动课程。有些商业机构还会以给孩子做测试的名义，让家长填几份表格，然后指出孩子哪里出现统合不良了，从而鼓动家长给孩子报班练习。

据我所知，市面上几乎所有统合课程的推销人员都有着同样的说辞，他们深谙如何利用家长的恐惧心理实施推销之道，让家长误以为感觉统合失调就是孩子的视觉、听觉、味觉、嗅觉、触觉、前庭平衡、本体感这几大功能统合不良了。

- 孩子不喜欢阅读，习惯眯着眼睛看东西，可能是视觉统合不良；
- 孩子说话抓不住重点，上课不专心，可能是听觉统合不良；
- 孩子不爱洗头洗澡，不爱刷牙，不爱穿袜子，可能是触觉统合不良；
- 孩子写反字，平衡感很差，还常常跌倒，可能是前庭平衡失调；
- 孩子不敢爬高，容易头晕，可能是本体感觉失调……

听到以上这些销售话术，你是不是立刻就陷入焦虑了？

按照上面的说法，每个孩子都或多或少存在感统发育不良的情况，但你不知道的是，这些机构的推销人员其实心知肚明——这个世界上原本就没有100%的感觉统合。

当家长的内心开始焦虑时，课程销售们会不失时机地添一把火："如果出现感统失调情况的孩子不加以训练和纠正，这些问题将困扰孩子一辈子。"

实际上，这完全是危言耸听。

首先，商业机构的推销人员往往会夸大感统失调症状的严重性，他们将孩子所有的问题都归结于感统失调，而给出的解决方法就是接受那些感知和运动课程的训练，似乎只有他们的课程才能够解决孩子的所有问题。

其次，因为大多数家长并不具备心理学的专业知识，所以一旦对方列举出一系列听起来十分专业的名词，家长就很容易被糊弄，比如一听到"失调"二字，就觉得孩子得了什么不得了的疾病，实际上大可不必。从专业角度来说，感统失调并不是病，美国精神医学学会推出的《精神障碍诊断与统计手册》（第五版）也没有将其列为病症。当然，一些儿童大脑发育问题，诸如自闭症、注意力障碍等确实会伴有一些感统失调的症状，但需要注意的是，孩子即使有感统失调症状，也不代表他们就患有相关疾病，二者不能完全画等号。

如果孩子确实出现了大脑发育问题，比如自闭症或注意力障碍症状，家长需要做的是带孩子去医院或专业机构做全面检查。

而如果是大脑发育问题引起的感统失调，则需要对患儿的大脑核心问题进行治疗，而不是急于治疗他的感统问题，去上所谓的感觉统合课程。这种舍本逐末的做法是不可取的。尤其是现在不少商业机构宣传的"感统测评指导师高级证书"，只要上三天课程就可以拿到手，其诊断和治疗资质堪忧。

所以，参加感统课程是治标不治本的做法，大部分商业机构能做的只是针对感统失调的一些表象来进行"治疗"，并不能真正有效、系统地解决儿童大脑的发育问题（如注意力障碍或者学习障碍）。相反，还会耽误发现孩子根本病因的时机。

💡 经典创收项目之皮纹检测

学龄前儿童的家长对皮纹检测一定不会陌生，有些家长可能还参加过此类主题的讲座。实际上，皮纹检测是机构的又一经典创收项目，宣传内容也以开发大脑为主。

推销人员常常用教育学、医学、心理学等学科的专业术语来包装自己，他们号称可以通过分析手纹、脚纹来解读孩子的先天多元智能、生理特点、气质类型等，从而根据孩子的特点因材施教。

几乎所有的皮纹检测推销员都会强调，皮纹可以预测孩子的智商。按照他们的说法，将人十个手指上的脊纹相加得到的总脊纹数乘以一亿，就代表这个人有多少脑细胞。除此以外，他们还会向家长展示获得众多专利技术的检测指纹仪器。我可以明确告诉大家，目前没有任何实验证据能证明指纹和脑细胞存在因果关联，没有任何科学研究证明通过皮纹可以预测孩子的智商，更不要说其他潜能了。

事实上，皮纹测试早已被证明是伪科学，但近年来，社会上一些投机者将这一项目重新包装，利用家长的焦虑心理，不断变着花样加以推销。

💡 夸大宣传的照相机记忆、"超级"记忆术

每当在电视上看到那些过目不忘的神童，不少家长就会数落自家孩子："看看人家的记忆力，你怎么就做不到呢？"

很多家长都希望孩子能拥有过目不忘或者一目十行的能力，许多辅导机构就是抓住了家长的这种心理，开设了"超级"记忆术课程、照相机

记忆课程，等等。这些机构向家长描绘了一幅美妙的蓝图：即便是普通孩子，只要接受了照相机记忆训练，记东西就会如同拍照片，"咔嚓"一声，所看到的景象就深深印在脑中了。经过这样的训练，孩子可以8秒背一首诗，40秒背一篇课文。

但是，事实果真如商家承诺的那样吗？

我们先来了解一下什么是照相机记忆。这种记忆训练主要涉及闪卡训练、联想记忆训练等内容，其中，闪卡训练是最核心的。顾名思义，闪卡一面是文字，另一面是相应的图片，每张卡片老师都会以一秒以内的停留时间在孩子面前快速闪动，大概持续闪动五分钟。据说，闪卡训练可以激活孩子右脑的图像思维，而图像思维能力越强，人脑处理信息的速度也就越快，孩子就越能被激发出所谓的"照相机式记忆能力"。通过这样的训练，孩子就能练就过目不忘的本领。

这里需要厘清一个问题，就是左右脑开发。从脑科学角度来说，人类的大脑活动并不存在单纯使用左脑或右脑的情况，人类的所有活动，都需要左右脑协同完成。因此，商家宣传的开发右脑或左脑，本质上是伪科学的说法。

明白了"照相机记忆"的"原理"，接下来我们谈谈记忆术。记忆术训练主要是利用视觉空间来帮助我们记住相关素材，比如我们可以借助脑海中想象的家里的空间场景来记忆英文单词。

关于记忆术，我想请家长了解以下三点：第一，记忆术实质是将人无法理解或者没必要去理解的信息，转换成了另一种编码方式。比如，圆周率3.1415这样的数字序列不需要我们去理解，但是如果要牢记于心，我们可以利用场景转换的方式，比如将3.1415转换为"山顶一寺一壶"，这样记忆起来就会更容易，印象也更为深刻。

第二，孩子在平时的学习中，需要背诵的东西不仅要牢记，而且还要理解透彻。比如，化学元素周期表虽然有大量看似随机的信息，但是其中也有一定的科学规律，单纯依靠死记硬背，孩子的学习能力是无法得到真正提高的。

第三，语言学习应该形成直觉，要直接欣赏语言的本意和美感。多一层傻乎乎的记忆编码，就是浪费时间。如"economy"用汉字"依靠农民"这样的谐音去注解，就有失美感，甚至贻笑大方。

我不反对记忆术，反对的只是对记忆术的一些不实宣传。学校教师和家长在平时也可以引导孩子使用一些策略和方法来帮助记忆，这是可行的。但总体而言，记忆术的用处有限，尤其对于一些低龄儿童而言，记忆术反而是浪费脑力，破坏学习之美。

偷换概念的全脑速读、量子波动速读

除了记忆力之外，作为智力表现形式之一的阅读速度也是家长们关注的焦点。在家长心目中，学习成绩优异的学生都拥有较快的阅读速度，而且学历的高低与阅读速度是成正比的。

某些机构正是看准了家长的这种心态，推出了各种速读训练项目，尤以前几年的"量子波动速读班"最为火爆。课程宣称通过激活大脑松果体，能够达到快速阅读的效果，"一分钟轻松读完十万字"的广告语让不少家长怦然心动。虽然现在量子波动速读班已经销声匿迹，但市面上依然有类似于全脑速读的培训班，还在吸引着家长为它们付出金钱和时间。

那么全脑速读到底是怎么训练的呢？第一个训练方法就是"影像阅读"，这个概念是不是听上去有几分耳熟？影像阅读实际上就是我们前面所说的照相机记忆，培训机构采取的训练手段就是利用上千张幻灯片的高速闪现来增强孩子的记忆,这种做法与闪卡训练如出一辙。

总的来说,无论是记忆力的提高还是阅读速度的培养,其前提都是理解。如果一味追求速度,抓到什么都囫囵吞枣地塞到脑子里,对孩子来说就是不堪承受的重负,甚至会让他们逐渐对学习失去兴趣。

💡 如何识破骗术

上述提到的林林总总"伪科学脑力提升术",不可能一下子就从社会上全部消失,商业机构的营销招数也是层出不穷。面对这些真假难辨的培训班,你一定想知道,该如何以不变应万变,不上当受骗呢?以下是我总结给家长的几个要点:

- 声称报班就能解决孩子记忆力、注意力、阅读能力、想象力等一系列问题的,请家长三思,这是培训机构的惯用骗术。
- 声称报班就能将孩子培养成神童、天才或让孩子拥有某种特异功能的,一定是骗术。
- 伪科学课程往往喜欢偷换概念、以偏概全,培训班的宣传广告里如果带有"右脑开发""左脑开发""全脑开发""潜能开发""图像记忆"等关键词,那就基本可以断定为骗术。
- 善用网络搜索功能,上网查询相关培训行业的基本情况和对该课程的负面评价,就能发现其中的问题。

Dr. 魏的课堂小结

伪科学脑力提升术	结论	建议
感觉统合课程	世界上没有100%的感觉统合。感统失调不是病，但一些儿童大脑发育疾病会伴有感统失调的症状。只去治疗"感统失调"，不能有效解决孩子大脑的发育问题，还有可能延误病情。	如果孩子出现了大脑发育问题，比如有自闭症或注意力障碍症状时，需要去专业医院或机构做全面检查，而不是去上所谓的感觉统合课程。
皮纹检测	早已被证明是伪科学。	远离皮纹检测及与此相关的各类项目。
记忆术课程	本质是把信息转换为另一套更容易被记忆的编码，但是，新的编码可能会破坏原本信息中富含的本意和美感。学习的本质是理解，而不是单纯的背诵记忆。	引导孩子使用一些策略和小方法来帮助记忆是可行的。但总体而言，记忆术的用处有限，尤其对于一些低龄儿童而言，记忆术完全是浪费脑力，破坏学习之美。
全脑速读课程	本质上和闪卡训练一样，宣称可以激活孩子右脑的图像思维，但没有科学依据，还会破坏孩子探究事物的意愿。	远离全脑速读及与此相关的各类项目。

孩子大脑发育异常怎么办？

孩子的成长牵动着每一位家长的心，很多家长在听了我的讲座后，就会提出各种疑问：

> "我家的孩子很内向，不爱社交，他是有自闭症吗？"
> "我家孩子注意力不集中，总是坐不住，这是注意力有缺陷吗？"
> "孩子语文差，写字慢，是不是读写障碍？"
> "孩子数学差，怎么讲都听不懂，是计算障碍吗？"

以上这几种情况都属于大脑发育异常的现象，如果确实发现孩子存在这些障碍，就要及时找专业机构进行干预和治疗，不能任由其继续发展。

下面来了解一下孩子大脑发育异常的几种表现。

自闭症

自闭症又称孤独症,它是一种神经发育性障碍,主要特征是社会交往能力和语言沟通能力低下。自闭症的孩子好像活在自己的世界里,没办法与人正常交流,所以他们又被称为"来自星星的孩子"。

据流行病学调查数据显示,全球自闭症患病率在1%左右。目前,我国的自闭症患者已超千万,其中14岁以下儿童就多达200多万。

一般来说,2～3岁的儿童就能诊断出自闭症,但在1～2岁时,家长就要注意孩子是否有自闭症的早期征兆,越早发现孩子的症状,之后恢复正常的可能性就越高。

自闭症的早期征兆和特征

自闭症的早期征兆是有特定指标的,我们不能将语言发展迟滞和智力发育障碍与自闭症加以混淆。

自闭症早期都有哪些征兆和特征呢?

(1)不看或少看

有这一症状的孩子,主要表现为与他人目光接触时有异常,很少看人的眼睛。孩子1岁左右时,家长就能观察到这一症状。

(2)不应或少应

"不应"是指孩子没有呼名反应,即当你叫孩子的名字时,他对此毫无反应。

"少应"则是没有共同注意(Joint Attention),即不能和他人关注同一物体或事件。例如,你指着西瓜说:"宝宝,看,西瓜。"如果孩子跟随你的动作,和你一起看向西瓜,这就叫共同注意。共同注意在语言和社交技能的发展上非常重要,不应或少应很容易被家长忽视,甚至有些医生也会把自闭症的一些问题行为特征看成正常的。我们习惯把孩子说话晚说成"贵人语迟",认为小宝宝爱哭闹、不与人交流很常见。其实,呼名反应和共同注意都是从婴儿出生起就开始发育的能力,如果孩子表现出了不应或少应,家长就要警觉了。

(3) 不指或少指

这是指孩子缺乏一些恰当的肢体动作,比如对不感兴趣的东西,不会摇头表示不要;对感兴趣的东西,也不会有目的地指着这个东西给家长看。如果孩子到了1岁左右还没有任何语言、指示动作或其他手势,家长应该提高警惕。

(4) 不语或少语

孩子不喜欢说话,或者说得很少,语言发展有延迟,也可能是自闭症的早期症状。

如果孩子在16个月时仍然不会使用一些单一的词语,家长就应重视。

(5) 不当

指的是孩子表现出使用物品方式异常,或者相关的感知觉异常。比如,孩子的兴趣狭窄,有刻板的重复动作,很长时间只会自顾自玩同一个玩具,并且玩的时候不理人,以及出现原地转圈等行为。

如果孩子出现以上五类异常行为之一,尤其是同时具有多种异常行为的,家长就要高度重视了。可以带孩子去医院或专业机构进行筛查,如果经过评估确实存在自闭症问题,就要配合医生进行有针对性的、科学的干预和治疗。

注意缺陷多动障碍（ADHD）

多动症，又称注意缺陷多动障碍，包含注意缺陷和多动障碍两个方面。3～6岁的孩子正是活泼好动的时候，但依然有不少家长为自家过于活泼的孩子感到头疼："孩子老是停不下来，家里天天鸡飞狗跳，他是不是得了多动症？"

其实，孩子好动并不等于多动，注意缺陷多动障碍需要到专业机构进行评估诊断，只看表象无法下定论。近年来关于多动症的报道越来越多，这样容易给我们造成一种错觉——身边多动症儿童越来越多了。实际上，近几十年来，多动症的发生率基本保持在5%左右，并没有发生明显的变化。

每个孩子性格都不一样，有的孩子外向冲动，似乎与人对着干能带给他莫大的成就感；有的孩子看似注意力不集中，家长说什么都显得漫不经心，实则可能只是因为他真的没有理解大人布置的任务和指令，所以总是显得慢半拍。这些都不符合注意缺陷多动障碍的指标。

实际上，正常好动的孩子跟多动症孩子是有区别的，正常好动的孩子虽然爱动，但在遇到自己感兴趣的活动，或者是在上课需要听讲的情况下，他们是可以集中注意力的。但是，多动症孩子往往不能控制自己的注意力和动作，在被告知不能乱动的情况下，他们还是不受控制地做各种小动作，无法做到专注。

注意缺陷多动障碍的早期征兆和特征有哪些

根据《精神障碍诊断与统计手册》（第五版）中总结出的多动症症状，如果12岁以下的儿童出现以下症状中的六项（或更多），并且满足三个条件，家长就要重视了。

注意缺陷方面的症状：

- 经常不能密切关注细节，在做作业或其他活动中犯粗心大意的错误。
  例如，忽视或遗漏细节，做事不精确。
- 在任务或游戏活动中经常难以保持注意力。
  例如，在听课、对话或长时间的阅读中难以维持注意力集中。
- 和别人面对面讲话时，孩子无心倾听。
  例如，即使在没有任何明显干扰的情况下，也显得心不在焉。
- 经常不遵循指示，以致无法完成作业。
  例如，可以开始任务但很快就失去注意力，容易分神。
- 经常难以组织任务和活动。
  例如，难以管理有条理的任务，难以把材料和物品放得整整齐齐，做事凌乱、没头绪，时间管理不良，不能遵守截止日期。
- 经常回避、厌恶或不情愿从事那些需要精神上持续努力的任务。
  例如，难以完成学校作业或家庭作业。
- 经常丢失任务或活动所需的物品。
  例如，经常弄丢上课用的资料、铅笔、书、工具、钱包、钥匙、文件、眼镜。
- 经常容易因外界的刺激分神。
  例如，在阅读或者写作业时，容易受到外界环境的影响而无法投入。
- 经常在日常活动中忘记事情。
  例如，忘记做家务、外出办事。

多动障碍方面的症状：

- 经常手脚动个不停或在座位上扭动。
- 当被要求坐在座位上时却经常离座。
- 经常在不适当的场所跑来跑去或爬上爬下。
- 经常无法安静地玩耍或参加休闲活动。
- 经常"忙个不停"，如同"永动机"。例如，上课时无法长时间保持不动，看上去坐立不安。
- 经常讲话过多。
- 经常在别人提问还没有结束时就把答案脱口而出。
- 经常表现得缺乏耐心，难以等待他人。
- 经常打断或侵扰他人。例如，随意插入别人的对话、游戏或活动，未经允许就开始使用他人的东西。

注意缺陷多动障碍需满足的三个条件：

- 上面提到的症状，孩子在家中、学校或社交时都会出现，并不仅仅局限于某一环境中。
- 这些症状至少持续六个月。
- 达到了与发育水平不相符的程度，并且对孩子的社会和学业活动产生了直接的负面影响。

💡 读写障碍

读写障碍属于一种常见的学习障碍，约有10%的人存在不同程度的读写障碍。

1. 理性认识读写障碍

（1）阅读差≠有读写障碍

有的孩子阅读效率低，是不是有读写障碍呢？这二者不能简单画等号。很多孩子只是单纯缺乏读书兴趣，或者阅读能力和技巧不够。针对这种情况，家长可以采取一些策略性引导来提升孩子的兴趣，兴趣有了，阅读能力和效率自然而然就提高了。简言之，读写障碍确实会导致阅读能力差，但阅读能力差并不一定就是读写障碍。

（2）读写障碍≠低智商

许多家长会有这样的疑虑：孩子出现读写障碍，是不是意味着他的智商比较低？这就多虑了，读写障碍并不反映智商的高低。有读写障碍的孩子，只是对阅读内容的理解力较差。

举例来说，正常孩子阅读时，字词包含的意思会在大脑中直接显现出来，这一过程快到不足100毫秒，但对于有读写障碍的孩子来说，他们对字词的理解力是比较弱的。

有些家长不了解情况，经常抱怨说自己的孩子是"学渣"，其实孩子并不笨，经过针对性的训练后，其成绩是可以突飞猛进的。

2. 读写障碍的两种类型

（1）对语音或者字形的解码出了问题

关于这一点，不同母语体系的孩子所遇到的障碍存在差异，中国的汉字属于表意文字，所以中国孩子的阅读障碍更多体现在书写方面，比如容易写错字、笔顺混乱、容易弄混相似的字形等。而字母文字是一套表音体系，所以国外孩子的读写障碍往往体现在不能正确发音、长时间停顿或不能正确分节等。

（2）阅读理解障碍

这一方面的障碍涉及高级理解能力的问题，主要是孩子对意思的理解不是显而易见的。在这方面，中国孩子和外国孩子是相似的。

3. 读写障碍的早期征兆和特征

读写障碍越早发现，越早干预，产生的效果越好。如果在孩子四五岁时就发现他有这方面的问题，家长却听之任之，长此以往，孩子的遣词造句能力便得不到有效开发，最终，孩子的读写障碍就会越来越严重。

家长可以在孩子上幼儿园的时候，就密切观察孩子是否有以下症状。

（1）能否认单字或字母

与同龄孩子比，有读写障碍的孩子花费的学习时间更长，而且学会之后还会反复遗忘。

（2）能不能准确讲出常见物品或颜色的名称，会不会发音不准确，会不会混淆读音相近的字词，特别是混淆一些押韵的字词

对于很多孩子来说，他们更喜欢押韵的儿歌童谣；但对于有读写障碍的孩子来说，押韵的词反而会令他们产生困扰。

（3）是否难以理解和记住顺序、序列

比如，经常说错句子的语序，将"我吃饭"说成"饭我吃"；排序混乱，经常弄混时间顺序、字母序列等。

（4）方向感差

经常混淆"左右""上下""进出"等词语。

（5）有读写障碍的家族史

如果父母双方家族中有阅读或书写障碍的家庭成员，那么，作为家长就该更加关注孩子在读写上的表现。

计算障碍

我们经常听到有些人调侃自己是"数学盲"。在生活中，确实有天生对数字不敏感的人，比如不会数10以内的数字，不会比大小，不会做简单的数字心算，不擅长记手机号、银行密码等数字。这就是所谓的计算障碍。

事实上，有计算障碍的人虽然在处理数字时会遇到障碍，但是这类人其他方面的智力是完全正常的。据相关数据统计，世界上有3%～6%的学生存在计算障碍。

一般情况下，学龄前儿童在刚开始接触数字的时候，家长就可以观察他们是否有计算障碍的症状。不过，计算障碍并不容易诊断，目前学界也没有建立起评估及诊断计算障碍的标准。因此，家长了解一些计算障碍的早期症状和特征是很有必要的。

出现计算障碍的孩子大概率会有以下症状：

- 在数数的时候遇到困难。
- 无法很好地理解"数"的含义。
- 无法分类和测量，很难将数字和真实的生活情境相联系。例如，学习数字"2"的时候，无法很好地与两本书、两颗糖、两朵花联系起来。
- 无法很好地将阿拉伯数字与汉字数字联系起来。例如，无法将"4"与"四"相联系。
- 在抄写或临摹数字的时候，经常写错。
- 经常写错数字符号。例如，混淆9与6或8与3。
- 经常将数字写颠倒。
- 把发音相似的两个数字听错。
- 从1数到10时，经常重复读其中的某个数字，比如12333456。
- 当告诉孩子从1数到5就停止时，孩子仍然一直数到10。
- 当告诉孩子从5数到10时，孩子不知道从5开始，而是从1开始数。
- 数数时，经常数漏一个或者多个数字。
- 很难按照物体的形状和大小分类。

以上都是计算障碍的一些症状，当然这些症状也是因人而异的，不能一概而论。

> **Dr. 魏的课堂小结**
>
> ○ 本节介绍了儿童大脑发育异常的四种疾病及其特征。这四种疾病分别是：自闭症、注意缺陷多动障碍、读写障碍、计算障碍。
> ○ 上述疾病的处理原则都是：早发现，早就医，早治疗。
> ○ 建议家长们对上述病症进行一定了解，并在孩子成长过程中留意观察，做到心中有数。
> ○ 如果孩子真的出现上述症状，请家长们放下对疾病的偏见，不要视而不见，以免错失早期干预的良机；也请家长们不要随意给孩子贴标签，或自己在家进行不专业的治疗，以免给孩子带来不必要的伤害。

Dr. 魏解惑课堂

为什么聪明的孩子，最后却变傻了？

💡 问题描述：

> 很多孩子小学时学习还很厉害，到了初高中，忽然跟不上了，这是为什么呢？

💡 Dr. 魏来解惑：

要回答这个问题，首先我们得明白什么是真正的聪明。这部分在本章的第一节中有详细的解释。这里我想指出的是，真正的聪明是有延续性的。从统计上来看，一个聪明的小孩，他长大了之后大概率还是聪明的。

那么"聪明的孩子变傻了"这个说法是怎么来的呢？可能是有些家长发现了这样一个现象：一些上小学时学习成绩很厉害的孩

子，到了初高中，成绩突然一落千丈，连课堂上的学习进度都跟不上了。

为什么会这样呢？我想，这种现象的背后可能存在多种原因。

首先，上小学的时候成绩好，真的是因为孩子聪明吗？还是填鸭式的教育、超前式的学习制造出来的聪明假象？

其次，上了中学孩子成绩不好，上课听不懂了，是否因为他从小就花大量的时间学习，已经丧失了对学习的兴趣和动力，主观上根本不想学了呢？

有些家长可能会认为，是不是因为上小学的时候，孩子没有建立起好的学习习惯和思维模式，所以上了中学后跟不上，看上去就成了"聪明的孩子变傻了"？

其实，无论是习惯的建立还是思维模式的培养，都和孩子的学习动力息息相关。所以，正常情况下，这种"聪明的孩子变傻了"的情况发生的概率并不大。值得家长反思的是隐藏在这个现象背后的深层原因：是什么导致孩子成绩上的巨大变化，是动力丧失，是学习方法不对，还是家长对孩子的期望值过高？或者是兼而有之？

02

理解大脑（一）：
让学科启蒙轻松而高效

> 长久以来，一提到学习，我们就会下意识地认为那只是简单重复的背诵和练习。
>
> 事实上，真正有效的学习，绝不是枯燥的重复。科学的学习方式，通常是轻松而有趣的。
>
> 陪伴孩子养成良好的学习习惯，让孩子在沉浸式学习中享受求知的乐趣。

识字启蒙：
陪孩子进入奇妙的文字世界

提到识字，我相信很多家长都有这样的疑问：

> 孩子到底几岁开始识字比较好？
> 怎样正确地引导孩子识字？
> 教孩子识字有没有一个统一的标准？

下面，我带你一起来寻找答案。

有一次，我听到两个家长在闲聊。其中一个妈妈说："今天给孩子读绘本，他非要指着一个字问我念什么，我不想告诉他，不能让他这么早就认字。听专家说，孩子的识字敏感期是 6 岁以后。我想等他上小学后，再让他好好地认字。"

另一位妈妈则说:"别听专家的,孩子早点儿开始认字多好啊,这样你就不用费劲地给他读绘本了,让他自己读。我家老二刚满两岁,我就给他买了识字卡,每天教他认 20 个字,他学得好着呢。"

你觉得哪位妈妈说得对呢?

在我看来,她们的观念都需要更新了。我们既不能教条地等到孩子满 6 岁才允许他认字,也不能在孩子两岁的时候就逼着他认字。

关于识字的两个概念

1. 读写萌发

过去,在大多数人的认知里,对孩子读写能力的培养不宜操之过急,至少要等到开始正式教育以后。不过,很多研究者有不同的发现:孩子会在语言文字丰富的情境下自然而然地展露出对语言和文字的兴趣——这就是孩子的"读写萌发"。

"读写萌发"意味着什么呢?意味着孩子在接受正式教育之前,就可以培养出一定的阅读能力,而这种培养是一个连续的、渐进的过程。其实,这很好理解,想一想我们所生活的环境,是不是完全被文字所包围?出门坐车,公交站牌和公路旁的提示牌上有文字;逛街买东西,小店的招牌上有文字,商品的价格标签上也有文字;去餐馆吃饭,菜单上有文字。孩子对周遭出现的一切事物都感兴趣,他也一定会发现这些文字符号的存在,会渴望去探索和理解它们,你想拦都拦不住。所以,我们并不一定要等孩子 6 岁后才教他认字。

当然,如果我们的亲子阅读活动开展得十分顺利,孩子接触到的绘本也比较多,那么,孩子的早期阅读能力就会更好,语音意识和字形意识也会更强,那就更不需要等到孩子6岁后再教他认字了。

2. 阅读的马太效应

这个概念是著名的认知科学家基思·斯坦诺维奇提出来的。简单来说,"阅读的马太效应"是指那些阅读能力一开始就好的孩子,其之后的阅读发展以及对世界的认知也会越来越好,这是一个知识的积累效应。

认知科学中经常使用的"眼动研究"也为这个概念提供了佐证。研究者发现,当我们给孩子读绘本的时候,如果孩子已经认识了一些字,他的注视焦点就会更长时间地停留在文字上,而不仅仅是看图画内容。同时,在看文字的过程中,他们能获得更多信息,从而也就给大人提供了更多的教学机会。这种正向反馈,可能就是形成"阅读的马太效应"的早期原因。

我在给女儿读绘本的时候,就尽量让她们多关注文字,于是,她们在学龄前就已经掌握了不少汉字。动画片中的字幕、玩具说明书,孩子都能试着去读、去理解。买书的时候,孩子也能主动挑选自己感兴趣的书籍。因此,越早识字,生活中的信息对孩子来说就越丰富。

总而言之,早识字,对孩子大有益处。

然而,我必须强调的是,这里所说的早识字,绝不是说要让两岁的孩子看识字卡。为什么这么说呢?

我们先来认真地思考一下,真正的识字意味着什么?

书面文字作为记录语言的符号,形、音、义缺一不可。字形好理解,比如汉字"人",就是一撇一捺;字音也好理解,"人"念作"rén"。

汉字作为表意符号,每个字都有它的含义,这是最为复杂的。我们通过查阅字典可以知道,"人"是由类人猿进化而成的能制造和使用工具进行劳动,并能运用语言进行交际的动物。同时,"人"也有别人、他人的意思,比如"待人热诚"。"人"还可以指一个人的品质、性情、名誉,比如"丢人"。

所以,真正的识字需要把字放到特定的语境中去理解。两岁的孩子即使凭借记忆力记住了卡片上的符号读音是"rén",也不懂这个字的含义。很多家长宣称自己的孩子两三岁时就认识很多字,他们甚至还会向我展示孩子的识字卡,但这样的"识字",仅仅停留在图像记忆的加工上,只是在短期内机械地记住了字的大致模样,时间一久就忘记了,不是真正意义上的识字。这样的识字毫无用处,除了作为家长炫耀的谈资。

💡 识字的方法:带入真实使用场景

真正意义上的识字,应该进入文字的真实使用场景,去全面掌握汉字的形、音、义。

那么,让我们一起来陪伴孩子进入文字的世界吧。

1. 用手指着文字做亲子阅读

虽然我们的生活环境中到处都有文字,但是对孩子最友好的文字环境是绘本。因为绘本是以图文结合的形式来传递信息的,图画能够帮助孩子理解文字所蕴含的意义。因此,我特别建议大家坚持亲子阅读,引导孩子产生阅读兴趣、培养阅读习惯。

家长给孩子读绘本的时候,可以采取指读的方式,也就是用手指指着对应的文字去阅读。一开始,孩子可能根本没看你的手指,因为他的注意力大部分在图画上,但久而久之,孩子就会发现,你口中的发音和手指指向的字相对应,这就是语音意识的萌芽。

再坚持一段时间,孩子可能就会不自觉地去注意字形了,这是字形意识的萌芽。培养孩子的语音意识和字形意识，正是早期非正式识字的两个重要目标。

我们用手指字，实际上是将语音和字形信息同步展现给了孩子，这种信息的黏合可以让孩子自然地去记忆文字。需要提醒家长的是，如果孩子没有注意我们手指的动作，也不要急不可耐地去逼迫孩子。我还是要强调一点——亲子阅读的兴趣更重要，强迫孩子阅读会适得其反。

2．随时随地教孩子识字

文字是我们人类独有的交流工具，在日常生活中，我们看到文字时，随手指一指、随口念一念，都能增加孩子的识字体验。

比如，在公园里看大猩猩的时候，我们指着笼子外面的标牌，给孩

子念一念牌子上的"大猩猩",孩子就会明白,这三个字读作"dà xīng xing",他就能将眼前这个浑身长毛、跳来跳去的大家伙与标牌上的字联系起来。于是,在孩子的脑中,这个词的形、音、义就能全部对应上了。

除了名词,抽象一点儿的动词和形容词也可以这样指导。比如,在菜市场看到"大葱"和"小葱"的标签,我们分别指出并读出来,孩子就很容易理解"大"和"小"的含义了。

3. 有意识地引导孩子分析汉字

孩子积累了一定的识字经验后,我们就可以进一步引导他去分析汉字。

最开始我们可以从笔画入手,引导孩子去发现汉字是由不同笔画构成的,让他们在汉字里找一找"横""竖",进而让他们自己去探索"土""士""干"等字的不同之处,培养他们的视觉空间认知能力。

经过一段时间的积累后,我们就可以与孩子一起分析汉字的结构了。比如在餐厅吃饭时,我们可以和孩子一起看菜单,指着菜单教孩子认菜名——"烤大虾""焗土豆泥""炒西蓝花"。我们可以告诉孩子,"烤""焗""炒"是不同的烹饪方式,之后尝试引导孩子去发现这几个字的共同点——都包含"火"这个偏旁。继续分析,孩子还可能会发现,这几个字的发音与它们右半边的发音都非常相似。一边品尝美味佳肴一边分析讨论,在这样的氛围中,孩子学起字来会兴趣倍增。这些生活中的认字体验,将在很大程度上帮助孩子步入小学后更深刻地理解汉字的构成。

有一点必须强调,在学龄前儿童的非正式识字过程中,我们不必刻意去指导孩子理解偏旁部首、形声字等概念,只需要带他们去仔细观察汉字的结构、体会汉字字形与发音的关系即可。

4. 鼓励孩子主动"表现"，提高识字技能

孩子认识一些字后，需要反复练习。一方面，反复练习能加深记忆，促进理解；另一方面，可以增强孩子的信心和成就感，从而形成良好的正向循环。

那么，家长应该怎样引导和鼓励孩子主动"表现"呢？

最初，孩子识字不多，我们可以引导他们尽可能寻找自己认识的字。例如，孩子认识"口"字，那就鼓励他们在绘本、玩具说明书、马路标牌等处寻找这个字，哪怕在某一个字里找到"口"这个字形也可以。此外，我们还可以从孩子的名字入手，让他们去四处寻找与自己名字相同的字，这样的游戏孩子会更感兴趣。

孩子的识字量越来越大后，我们就可以给他们安排一些小任务。比如外出时，引导孩子看公交站牌，然后问他："我们要去东单，你看看28路公交车有没有'东单'这一站呢？"设想一下，如果孩子真的找到了，他会感到多么自豪。

最后，在亲子阅读时，要有意识地鼓励孩子主动"表现"。可以选择孩子熟知的绘本，家长读一句，孩子读下一句，最后过渡到让孩子自己阅读。一开始，孩子或许只能凭借看图和记忆来阅读，很多字都是猜的，这并不重要。只要孩子能从文字中提取一部分信息，尝到了甜头，收获了自信，并发展到可以自主阅读，他的识字热情就会越来越高。

脑科学育儿"三步走"

认识大脑

- 读写萌发：孩子会在语言文字丰富的情境下，自然而然地展露出对语言和文字的兴趣。
- 阅读的马太效应：知识的积累效应。阅读能力一开始就强的孩子，后来的阅读发展以及对世界的认识也会越来越好。

理解和尊重大脑

- 早识字，对孩子大有益处。
- 早识字，不是机械地记住字。

支持大脑

- 用手指着文字进行亲子阅读。
- 在生活中随时随地陪孩子识字。
- 引导孩子分析汉字，培养视觉空间认知能力。
- 给孩子安排小任务，提高识字技能。

阅读引导：如何让孩子爱上阅读

"现在的儿童读物太多了，看得人眼花缭乱，咱们到底该怎么挑选呀？"

如何帮助孩子选择阅读书籍确实是一个令人头疼的问题，而且也没有固定的答案。毕竟每个小朋友都有自己的独特之处，我们不可能列出一个书单，让所有的孩子都读一样的书。不过，了解一些阅读的原则，也许能够帮助大家厘清给孩子选择书籍的思路。

💡 阅读的意义是什么？

家长们都十分重视培养孩子的阅读能力，为孩子购买各种书籍，但是，有一个问题大家是否想过，阅读的意义究竟是什么？

据我观察，绝大多数家长都希望通过阅读教育孩子，很多家长会问："我的孩子胆小害羞，看什么书能改善？""什么书能教会孩子认识图形和数字？"这些疑问都说明了家长心目中阅读的意义。

不过，想要通过阅读来教育孩子的做法并不可取。为什么这么说呢？孩子的教育是一个长期、系统的工程，没有哪一本书是灵丹妙药，可以将孩子的某个问题彻底解决，或者完美提升孩子的某项能力。既然如此，到底为什么要让孩子从小就读书呢？在我看来，阅读的意义就在于培养孩子的阅读能力，从而为孩子的发展之路铺上稳固的基石。

阅读对孩子的影响是长期的。真正艰深的知识是抽象的，所以获取知识的主要来源是阅读，而不是看视频，不要相信"人类对知识的获得已经来到了视频时代"这样的论调。试问哪个知识生产者是靠看视频来获取有深度的知识，并且去创造新知识的？相反，视频内容也是制作者通过阅读来吸收知识进而创作出来的。据我所知，那些知名学者、企业家、政治家，没有一个是不爱阅读的，他们从小便养成了良好的阅读习惯，并且保持终身。

从短期来看，阅读会对孩子的学业产生什么影响呢？

哈佛大学曾经针对3～19岁学生的语言和阅读能力开展过一项追踪研究，得出的结论是：儿童早期语言和阅读的条件、环境、能力，与他们未来的阅读能力和学习成绩有很大关系。我们可以简单地理解为，如果孩子小时候的阅读条件好、阅读能力强，那么，他们长大后学习成绩优秀的概率会更高。

什么是阅读能力？

阅读是实现终身学习的基础技能。既然阅读的意义在于培养孩子的阅读能力，那么，要想培养这一能力，首先就要让孩子对阅读产生兴趣并养成习惯。如果你总是想用书来教育孩子——"你要好好吃饭哦,看,书里的小猪吃饭多乖""你不要乱发脾气,你跟书里的小妹妹学着点儿",这样只会让孩子一见到书就跑。

那么,阅读能力到底是一种怎样的能力呢?

按照美国心理学家高夫(Gough P.B.)等人提出的理论,阅读的终极目的就是理解书面符号的意义。阅读理解包含了两个相对独立的认知加工过程:一个是自下而上的解码,也就是识别书面符号;一个是自上而下的言语理解,即激活头脑中已有的相关背景知识和生活经验,进行必要的推理和元认知监控,最终实现对意义的理解。

这样的表达可能有些抽象,我来举个例子帮助大家理解。比如,当我们读"小兔子哭了"这几个字时,一方面,我们的大脑需要把这5个字识别出来,这是识别符号的过程。具备阅读能力的人,大脑完成识别的速度极快,甚至比肌肉反应的速度还要快。但是,对于刚开始识字的孩子而言,他们可能需要逐字思考才能识别。另一方面,我们的大脑会将与这5个字相关的知识和经验调动出来:小兔子,红眼睛、长耳朵,很可爱,大脑中这些与兔子有关的信息被激活了;哭也是这样,包括哭的视觉形象和听觉形象等信息也逐一被激活——我可没见过小兔子哭,它会哭吗?它为什么要哭?

如果有上下文,我们就能飞快地理解到:哦,这只小兔子大概是一个童话故事里的角色,在故事里,它可能遇上了伤心的事儿。

了解了大脑的识别与思考的过程,我们就能明白,识字只是阅读的一部分,激活已有知识和经验并进行关联和推理,则是阅读的另一个重要组成部分。只有这两部分结合在一起时,才能最终达成对书面符号的理解。不过,这些技能都不是天生的,孩子需要逐步学习和掌握。

我再举一个升级版的例子，请试着阅读并理解下面这句话：

脑源性神经营养因子是一种参与中枢神经系统特别是海马神经发生和突触可塑性促进活动的神经营养因子。

每个字你都认识，对不对？但许多人并不能透彻地理解这句话的意思，原因就在于我们没有神经科学的背景知识。其实，孩子的阅读也是如此，有些字看似简单，但是当内容与孩子已有的经验和知识没有关联时，孩子理解起来就非常困难。

阅读能力并不能简单地用识字量来衡量，它涉及对知识的处理和思考，这一能力的培养需要长时间的知识积累和大量的阅读经验。同一本书，对于有相关知识背景的人来说，他的大脑能"看见"更多东西，而其他人则只能完成浅层理解。

所以，家长们不要急于让孩子从阅读中获取知识，而是要把重点放在培养孩子的阅读能力上面。

💡 选书的基本原则

明白了阅读意义和阅读能力的概念后，我们就可以有选择性和针对性地为孩子选择书籍。

选书的基本原则并不复杂，要适合孩子当前的发展阶段，要契合孩子的兴趣。我们已经知道生活经验在阅读过程中的作用，那么，在选书时就要考虑一下，孩子的生活经验有哪些？他们对什么事情感兴趣？

比如，随着孩子年龄的增长，他们对自身、对世界的探索范围在扩大，开始有了自我意识，有了主动结交朋友的想法，并渴望去远方探险，相应地，我们就可以为他们选择这些主题的绘本。

我教大家一个简单的方法，那就是针对绘本中主人公的言行去选择书籍。如果主人公所说的话、所做的事跟自己家孩子特别相似，那么，这本书大概率就符合孩子当前的发展阶段。

上面说的是一般规律。除此之外，每个孩子在特定阶段又会有自己独特的喜好，比如有的孩子特别喜欢恐龙，有的孩子特别钟情于汽车，还有的孩子爱看童话故事或者《西游记》。家长可以寻找与孩子的爱好相匹配的图书，从而激发他们更加浓厚的阅读兴趣。

需要注意的是，家长为孩子选择书籍时，题材要尽量多元化，日常生活、社会关系、自然科普等主题的图书最好都能有所涉及。另外，体裁要多样，儿歌、写实故事、童话等都是不错的选择。通过这些多元丰富的图书，孩子的阅读营养才会达到均衡。

阅读时的注意事项

1. 为孩子营造阅读的仪式感

我们知道，在孩子小的时候，阅读的重要目标之一是培养兴趣和习惯。给孩子创造阅读的仪式感，能在一定程度上帮助孩子养成良好的阅读习惯。家长可以根据自己的日程安排，在固定的时间或者地点开展亲子阅读。

每天睡觉前是很好的亲子阅读时光，家长可以陪伴孩子读一则童话故事；平时的空闲时间，只要孩子想读故事，就可以一起窝在沙发上阅读，共同享受亲子间的温馨时光。

对于有能力独立阅读的孩子，可以约定一个家庭阅读时间，在这段时间内，全家人都放下手头的工作，各自阅读喜欢的书籍。久而久之，临睡前、客厅沙发甚至落地灯洒下的暖光，都会成为孩子的阅读信号，孩子一看到这些信号，就会不由自主地去读书了。

2. 亲子阅读，由孩子主导节奏

很多家长喜欢一口气把故事给孩子讲完，却忽略了孩子的阅读习惯与成年人是不同的。

一位名叫苏日比（Sulzby）的研究者总结道，孩子阅读绘本的行为可以分为两个阶段：第一个阶段是仅仅关注图画，还未形成故事情节，孩子认为每一页都是独立的，所以经常跳着阅读；到第二个阶段，孩子才开始跟着图画把整本书的内容连成一个故事。另外，即使我们跟孩子看的是同一页内容，他们的视线与关注点也常常跟成年人不一致。

家长需要明白一点，亲子阅读的主体是孩子，成年人更多的是给予支持和陪伴。所以，我们既要对孩子乱翻书页的阅读行为抱以宽容的态度，也要允许孩子在某一页停留很长时间或者重复看同一本书。

3．与孩子进行互动式阅读

亲子阅读并不是简单地给孩子讲故事，我们还要与孩子共同讨论书中的内容。与孩子讨论的侧重点可以分为解码相关与意义相关两大类。

解码相关的讨论，侧重于鼓励孩子发现文字的特点。比如，看到"江"和"湖"，会发现它们有着相同的部首"氵"；看到"快"和"块"，会发现它们的读音一样，字形也有一部分相同。其实就是要在阅读的过程中，鼓励孩子去注意到文字的细节。

意义相关的讨论，就是讨论内容本身，比如：

> "这个故事里有谁呀？"
>
> "小兔子在做什么呀？"
>
> "你有没有做过这件事呀？"
>
> "你觉得接下来会发生什么呀？"
>
> "你猜小兔子为什么这样做呀？"

在与孩子互动的过程中，孩子的基础阅读能力就会在不知不觉间得到提高。

有时候，我们也可以鼓励孩子复述故事的内容，由此可以清晰地观察到孩子的进步过程——从开始很难总结出梗概，到后来能有条理地讲出故事，甚至还会自己绘声绘色地编故事了。

但是家长要注意，**千万不能把与孩子的互动变为拷问，要根据孩子的反馈灵活处理，如果他一时不感兴趣或者不愿意回答，就适当降低问题难**

度，或者干脆转移话题。

4. 朗读不可少

如果孩子可以自主阅读了，家长在鼓励孩子默读的同时，也不要忽视了朗读。

朗读，就是大声地把书上的文字读出来。在朗读的时候，因为要关注到每个字的字形和字音，注意力会更加集中。同时，孩子朗读的时候不仅眼睛看见了字形，耳朵也听到了声音，从而能够加深他对文本的记忆和理解。

如果孩子不愿意朗读，有一个最简单的鼓励方法，就是让他读书给家长听。这会唤起孩子对儿时沙发上亲子阅读的美好回忆——两个人窝在沙发上读一本书，只不过现在角色调换了，是由孩子读给爸爸妈妈听，孩子扮作老师，爸爸妈妈则是学生，这样孩子就会获得很高的成就感。

另外，还可以采取一人一段轮流读、分角色扮演读的方法，都能获得不错的阅读体验。

脑科学育儿"三步走"

认识大脑

- 阅读的意义就在于培养孩子的阅读能力,这也是为孩子将来的发展之路铺上稳固的基石。
- 儿童早期语言和阅读的条件、环境、能力,与他们未来的阅读能力和学习成绩有很大关系。
- 阅读的终极目的就是理解书面符号的意义。阅读理解包含了两个相对独立的认知加工过程:一个是自下而上的解码,也就是识别书面符号;另一个是自上而下的言语理解,即激活头脑中已有的相关背景知识和生活经验,进行必要的推理和元认知监控,最终实现对意义的理解。
- 了解了大脑的识别与思考的过程,我们就能明白,识字只是阅读的一部分,激活已有知识和经验并进行关联和推理,则是阅读的另一个重要组成部分。只有这两部分结合在一起时,才能最终达成对书面符号意义的理解。

理解和尊重大脑

- 阅读能力涉及对知识的处理和思考,这一能力的培养需要长时间的知识积累和大量的阅读经验。
- 家长不要急于让孩子从阅读中获取知识,变得博学,而是要把重点放在培养孩子的阅读能力上面。

支持大脑

- 选书的基本原则：要适合孩子当前的发展阶段；要契合孩子的兴趣；书的题材和体裁要多元化。
- 为孩子创造阅读的仪式感。
- 亲子阅读时，孩子是阅读的主体。
- 与孩子进行互动式阅读。
- 鼓励孩子科学地朗读。

培养数学思维：
孩子数学早开窍的秘密

儿童心理学家皮亚杰认为，七八岁的孩子逐渐进入具体运算阶段，即他们可以用抽象思维来理解数字了。而在此之前，也就是幼儿园到小学低年级的阶段，恰恰是家长给孩子做数学启蒙的黄金阶段。数学启蒙并不是简单地让孩子背九九乘法表、做数学题，而是要重视培养孩子的三种底层数学能力：数量比较能力、空间思维能力、推理能力。

💡 第一种：数量比较能力

你觉得孩子什么时候可以学数数？是能开口说"1""2""3"的时候吗？研究人员发现可以更早，半岁大的宝宝就可以分辨出哪堆物体多、哪堆物体少了；1岁左右的宝宝，对物体的数量已经非常敏感了。总之，孩子在很小的时候，就可以凭借视觉进行模糊的数量比较，这种与生俱来的能力被称为"数感"。这是因为人类大脑天生就安装了"模糊数量系统"，它就像是出厂设置中自带的能力，专门用于处理与数量相关的信息。

既然孩子天生有数感，我们就要积极地帮助孩子理解数量关系。其中，比较就是孩子理解"多""少"和"相等"这些数量关系的基础。

提到比较，家长们首先想到的就是数量的多与少。比如，对很多低龄孩子来说，他们虽然能流利地背诵1、2、3、4、5等数字，但并不会比较这些数字的大小。这是因为低龄儿童的抽象思维能力还在发展中，他们还没有建立起抽象数字和实体数量之间的联系。成年人的数字概念如同本能一般存在，但对低龄儿童而言则完全不同。那么，家长们该如何帮助低龄儿童发展抽象思维呢？

最好的方法就是用具象来表征抽象数量的概念，换句话说，就是用实物帮助孩子理解"多"和"少"。成年人看起来很简单的数字，对于孩子来说，学起来可并不轻松。因此，家长们在指导孩子学习比较时，要注意以下几点。

第一，孩子不知道"3和5谁大"，我们可以做具象化的游戏。

在孩子面前摆放葡萄，上面一行放3粒紫葡萄，下面一行放5粒青葡萄，可以按"一一对应"的方式指导孩子，一粒紫葡萄对一粒青葡萄，最后青葡萄多出两粒，说明青葡萄比紫葡萄多。通过这种方法还可以教会孩子进行反向思考，青葡萄比紫葡萄多，意味着5比3大，反过来就是紫葡萄比青葡萄少，也就是指3比5小。如果家长不做强调，孩子就不会有这个意识。

家长也可以利用这种方法帮助孩子理解"相等"的概念。如果紫葡萄和青葡萄全部一一对应，就代表一样多。如果青葡萄比紫葡萄多两粒，怎么做才能使它们一样多呢？这就是在帮助孩子理解"加减"的概念。

实际上，我们可以利用大量生活中的实物进行比较，比如食物、玩具、人数等，都可以拿来给孩子做一一对应的游戏。例如卖菜游戏，就是很好的数学思维游戏,你可以问孩子:"老板,这两堆苹果,我要买多的那一堆,你来看看哪边比较多?"玩积木时,把积木摆成两行数轴的样子,孩子一眼便能分辨出哪个数字大、哪个数字小;平时排队时,可以让孩子数数前面有多少人,哪个队伍人数比较多;玩飞行棋游戏也可以让低龄儿童迅速理解数字和数轴的关系。

第二,除了数字多少的比较,还有高矮、胖瘦、轻重的对比。家长可以和孩子比一比,看看谁更高、谁更矮,谁更胖、谁更瘦。

学会了两两对比后,就可以进入高阶的对比——排序。比如,让孩子从矮到高给三位家人排序,这就需要用到三次两两对比,最后才能确定顺序。另外,还有大小、长短、宽窄的对比,甚至早晚、冷热、远近、快慢、新旧都可以进行比较。总之,充分打开思路后,你就会发现,生活中凡是有两个对立性状的事物,都可以拿来对比、排序。

当孩子有了对比、排序的数量比较能力之后,在面对学校里谁比谁大多少、谁比谁少多少之类的数学应用题时,就能够得心应手、游刃有余了。

💡 第二种:空间思维能力

空间能力和数理能力密不可分,也是智商的重要组成部分。对于孩子的数学启蒙而言,空间思维能力也非常重要。我们知道,孩子的抽象思维能力往往比较欠缺,而空间图形作为一种具象表现,能把数学概念更直观地展现出来。

怎样提高孩子的空间思维能力呢?建议父母们多与孩子玩一些拼接类游戏。

七巧板、折纸剪纸、拼图、积木、魔尺、玩具小车的轨道等，都是很好的拼接类游戏。通过这些玩具搭建各种空间形状，可以提高孩子的空间思维能力。积木可以说是拼接类玩具的鼻祖，2013 年，一项针对 100 多名 3 岁儿童的研究发现，擅长玩积木的孩子在上小学之后，数学水平表现得更高。2018 年的一项研究也发现，学龄前儿童玩积木，可以提高算术能力、形状识别能力，掌握更多数学方面的专有名词。

拼接类玩具是不是很神奇？如果孩子有丰富的玩拼接类玩具的经验，那么对于数学中的一些几何题，就能快速想出答案。比如，利用七巧板学习两个三角形如何能拼成一个正方形；利用剪纸学习三角形内角之和为什么是 180°。反之，如果孩子缺乏这方面的游戏经验，想要理解几何知识就会相对困难。

平时孩子玩积木的时候，我们可以有意识地引导他们去注意一些相对位置和图形的变换。比如问孩子：

> "一块积木有几个面？这几个面的位置关系是怎样的？哪些在上面？哪些在左边？"
>
> "当你从一个方向看过去，最多能看到积木的几个面？这几个面的位置关系又是怎样的？"
>
> "我们将十块积木排列组合吧，看看最多能有多少种形状。这些积木从不同方向看，是什么形状的？"

当孩子有意识地注意到物体的位置和空间时，他们大脑中的空间思维能力就被激活了。即使没有家长在旁边指引，孩子的空间能力也能得到很好的锻炼。

> 我们把最下面这块积木拿出来放到最左边的最上面吧。

家长和孩子玩拼接类玩具时，还可以多使用一些空间类词汇，比如"上下""前后""左右""里外""中间""四周""倒过来""放平"等。研究发现，孩子使用的空间类词汇越多，他的空间思维能力就越好。因为这些词汇会增强孩子对周围空间、位置关系的意识，从而激活孩子的空间思维。所以，当我们与孩子一起玩积木时，与其说"你把这块拼到那里"，不如说"你把最下面这块拿出来，拼到最左边的最上面这里"。

💡 第三种：推理能力

我们常说的数理能力就是数学和推理，二者很难割裂开来。如何培养孩子的推理能力呢？建议家长们可以引导孩子多做类比、归纳、演绎。

1. 类比推理能力

类比就是从一种现象推测出另外一种现象。孩子早期经验的累积，就是在不断的类比行为中重复"试错—纠正—再试错—再纠正"的过程，这种推理能力对于孩子而言相对简单。

同事曾经告诉我这样一件事情：他家孩子不到1岁的时候，特别喜欢拿着两个沙锤互相敲击。有一天大家正在吃饭时，他的孩子不由分说捏起两坨米饭，也做起相互敲击的动作，令人啼笑皆非。其实，这就是孩子的类比思维，从沙锤可以敲击发声，延伸为米饭也可以敲击发声。孩子的这些行为往往看起来很无厘头，其实是有一定内在逻辑可循的。

类比推理是归纳总结的基础。家长可以让孩子将奇数1、3、5、7、9与偶数2、4、6、8、10的关系进行类比；或者观察直角三角形、锐角三角形和钝角三角形，让他们找出不同三角形的相同点和不同点。这样做的目的在于引导孩子从天性喜欢的具象推理过渡到知识的抽象推理，让他们养成通过类比寻找规律的习惯。

2. 归纳推理能力

归纳推理对孩子的抽象思维能力有一定的要求，需要孩子从现象中总结规律。所以，我们要尽可能地帮助孩子化抽象为具象。比如，可以利用积木来练习，两块积木为一组，让孩子观察2、4、6、8、10的图形是怎样的，最后引导孩子得出结论——偶数可以一分为二，也就是可以被2整除。家长可以在生活中多多启发孩子，让他们通过列举不同的现象，养成从现象中总结规律的好习惯。

3. 演绎推理能力

因果推理是孩子与生俱来的能力，他们会根据看到的某种现象，去猜测造成这种现象的原因是什么。比如，看到物体碰撞后的运动，能够推断出哪个物体更重。如果说因果推理是根据现在推断过去，那么演绎推理就是从现在推导出未来，因为它需要根据已有条件，预测接下来可能会发生什么。

智商测验里就包含需要做演绎推理的图形题，比如提供五张图形，让你来预测第六张图形。简单来说，就是总结出抽象规律，推理接下来发生的事情。

比如，以下就是一道典型的演绎推理图形题：

根据推理，从 A、B、C、D 中找出正确的选项。

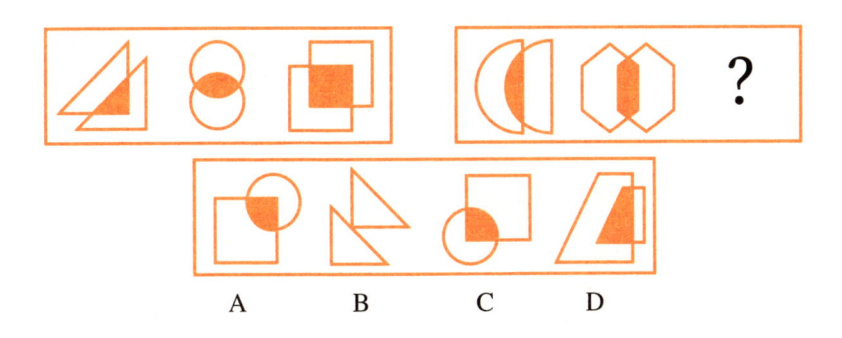

演绎推理对于低龄儿童而言相对较难，因为他们的知识储备有限，要找到正确规律去做演绎显然就比较吃力。但是，家长可以引导孩子做一些简单的演绎，鼓励孩子养成推演的好习惯。一般来说，孩子都喜欢想象和演绎，他们时常会天马行空地幻想：如果这样或那样，将会发生什么呢？

我女儿曾问过我这样一个问题："如果地球是平的，一直往前走会走到哪里呢？"

我没有打断她说"你笨啊，地球是圆的，又不是平的"。恰恰相反，我继续引导她的奇思妙想："是啊，你觉得会怎么样呢？会遇到什么困难吗？"

我们不要急于给孩子灌输正确答案，也不要打击他们天马行空的想象，而是应该鼓励他们去推演。

其实，在日常生活中，孩子可以完成一些具象的、简单的推演。比如，玩积木的时候，他们利用具体的物理知觉加以推理。什么意思呢？假设孩子在搭建积木，这时候他需要对自己后续行为的结果有一个预判——"我这样拼的话，接下来会怎样呢？会不会弄倒整个城堡呢？"所以，在搭积木的过程中，孩子就在锻炼自己的推演能力。

以上三种推理能力，统称为科学推理。实际上，科学家就是这样探索和了解世界的，他们在现有理论的基础上，建立各种假设（这里就是演绎），收集数据，进行归纳总结和类比，验证或推翻假设，从而不断扩展既有的知识边界。

科学家会持续探索，重新建立假设，再次收集数据。对于孩子来说，他们也在运用同样的推理思维来了解世界。孩子的概念发展与科学的进步如出一辙，都是在不断总结规律，在预测、推翻旧概念的基础上得到发展的。只有掌握了这样的推理能力，才能去主动获取知识，而不是被动地坐等他人来灌输知识，知其然而不知其所以然。

脑科学育儿"三步走"

认识大脑

- 孩子天生就有数感。他们在很小的时候，就可以凭借视觉进行模糊的数量比较。
- 低龄孩子的抽象思维能力较差，还没有建立起抽象数字和实体数量之间的联系。他们无法判断数字的大小，也无法将数字与数量一一对应。

理解和尊重大脑

- 既然孩子从小就有数感，家长要做的，就是积极地帮助孩子理解数量关系。
- 家长要重视孩子的三种底层数学能力的培养：数量比较能力、空间思维能力、推理能力。

支持大脑

- 理解数量关系：低龄儿童无法将1、2、3、4、5这些数字与实际数量相对应，我们可以用具体的物品帮助孩子理解抽象的数字。
- 加强空间思维能力：多陪孩子玩一些拼接类游戏。
- 提升推理能力：引导孩子多做类比、归纳、演绎。

英语启蒙与进阶：
如何培养双语"牛娃"

近几年，经常有家长问我："现在的翻译工具越来越强大了，不认识的单词在手机上一查就能知道，会议现场也有人工智能的实时同步翻译，学习外语还重要吗？还有必要让孩子投入大量的精力去学习外语吗？"

我的回答是："当然有必要。"

为什么要学习英语？

作为一名认知科学家，我深知学习外语的重要性。诸多研究证明，学习外语的人不但能掌握另一门语言，还能提升个体的认知能力。2017年，加拿大约克大学的一篇论文综述中提到：双语可以提高儿童的认知和语言发展水平，双语学习者有着更好的注意力和自我控制能力，而这恰恰是认知的核心。

换句话说，学习外语的孩子，因为要使用不同的语言来表达，所以他需要更好的专注力和控制力来帮助自己在不同的语言之间实现灵活切换和快速思考。由此可见，学习外语确实是一件一举多得的事情。

此外，英语依然是目前全球最具影响力的语言——110个国家的主要语言，世界上大部分的前沿消息也都是以英语作为载体进行传播的。在学术界，90%以上的顶级期刊是用英语的。不夸张地说，英语是一个人了解世界、与世界沟通的必备工具。

正视学习英语的目的：了解世界、促成交流

网上有这样一个段子："孩子4岁了，英语词汇量只有1500个左右，是不是不太够？"

热门回答是："在美国肯定够了，在海淀区肯定不够。"

还有家长感到苦恼："现在全国都在提倡'双减'，取消了课外补习班，我自己的英语又不够好，会不会耽误孩子的学习呢？"

对此，我想说的是，任何语言的发展过程都是相同的，都是在学习和使用中才能不断积累和提升的。如果你真心觉得自己的英语不够好，不如静下心来和孩子共同学习。这样既能为孩子营造一个良好的英语学习氛围，又能提高自身的英语水平，使自己在工作上受益，何乐而不为呢？

还有一些家长觉得自己的英文发音不够标准，怕误导了孩子，因此不敢教。其实，我们学习语言的最终目的是了解世界、促成交流。现在的很多家长都是从初中才开始接触英语的，即使发音确实不够标准，但只要能与人正常交流，能听英语新闻，能读能写，我认为这就已经足够了。与其

把精力花在怨天尤人上，不如耐心地引导孩子明白学习英语的目的，然后和孩子一起制订合理的学习计划。

💡 学习英语有方法

语言学习离不开大量实践，学习英语也是如此。现在市面上的各类英语音视频、动画片、绘本、分级读物、游戏琳琅满目，在这种情况下，要想提升孩子的英语能力，核心在于理解英语学习的关键点和原则，在我看来，这个关键点就是"适合"。

那么，我们该如何理解"适合"呢？

1. 学习方法要适合孩子的个人情况

家长要优先选择孩子喜欢的英语学习方式。

曾经有家长问我："英语老师教全班同学唱儿歌，别的孩子都特别喜欢，唯独我家孩子心不在焉，这是怎么回事啊？"后来，我侧面了解了一下情况，发现这位家长的孩子英语水平非但不差，反而在班级名列前茅。

其实，这是很正常的事情。每个孩子的性格特点、兴趣爱好都不相同，喜欢的学习方式也存在一定差异。有的孩子喜欢读绘本，有的孩子喜欢唱儿歌，有的孩子爱看动画片，不论他们做什么，兴趣是最重要的。

早在20世纪80年代，美国著名语言学家斯蒂芬·克拉申就提出了影响深远的"输入假设"。他认为，输入是习得的基础，为了达到预期结果，语言学习首先要从输入量入手，增加语言接触。2016年发表在美国《儿童语言杂志》（*Journal of Child Language*）上的一项研究也表明，大量高质量的语言输入是提高儿童目标语学习效率的关键。

当然，在语言大量输入的过程中，孩子还需要重复学习。2007年，日本的一项"重复学习对大学生外语单词学习的影响研究"发现，重复能帮助学生记忆偶然遇到的单词。如果在信息丰富的相邻段落中，学生多次重复遇到未知的单词，特别是遇到10次以上，学习效果就会更好。

所以，在语言输入的过程中，我们可以从孩子最喜欢的方式开始，逐渐引导他用不同的方式重复学习。比如，孩子喜欢看动画片，非但不要阻止，还要在他产生兴趣后，再找配套的书和他一起阅读。当孩子熟悉了故事情节后，我们还可以与他一起玩配音游戏，或者把故事表演出来。如此反复调动孩子的各项感官与生词碰撞，他就能把发音、拼写和含义对应起来，从而在不知不觉中就牢记在心了。

需要提醒大家的是，重复学习的重点在于不断变换方法加以重复，通过多种手段把学过的东西彻底吃透。但是家长不要期望孩子学会之后，就能在短时间内大量输出，更不要强迫孩子输出，否则只会适得其反。

2. 学习难度要适合孩子

我有个朋友，夫妻双方都是博士，对孩子也寄予了厚望。有一天，我去他家做客，进门就听到房间里传来英国广播电台的英文节目。要知道，即便对于过了英语四、六级的大学生来说，如果没有长期收听英语频道的习惯，这种英文广播听起来也是有难度的。朋友望女成凤，有人向他推荐"磨耳朵"的方法，他就迫不及待地给孩子用上了。对于这种赢在起跑线上的心情，我可以理解，谁知过几个月以后，他们就放弃了这样的做法。为什么呢？因为他们发现孩子对英文节目兴趣索然，相比之下，她更喜欢听家人的声音。

关于这一点，我相信成年人都是深有体会的。很多人想通过听英语新闻锻炼听力，刚开始就像听天书一样，左耳进，右耳出。于是我们便先听慢速英语新闻，或者对照着文稿查字典，先把不会的单词学会再来听音频。成年人会根据自身水平来调整学习难度，但孩子就很难做到这一点了。年龄越小的孩子，越需要父母在学习方法上加以引导，家长要为孩子挑选出适合他们现阶段水平的学习资料。

斯蒂芬·克拉申也提出过"i＋1"——可理解性输入的观点，他强调，这个"可理解"并不是说要理解所说的每句话、每个词，只要不影响我们的整体理解就可以了。

那么，我们怎样才能了解孩子的真实水平呢？

教给大家一个简单的方法——"五指法"。如果一本书中，每页没有或只有1个生词，孩子读起来就毫不费力，这样的书对孩子而言缺乏挑战，没有学习空间；如果有2～3个生词，就代表有一定的挑战性，适合孩子阅读；如果有4～5个生词，就说明这本书对孩子来说太难了，不适合阅读。

此外，我们也可以通过提问或讨论的方式，了解孩子是否真正理解了书中的内容。如果孩子的回答错误居多，也说明所选的书并不适合他。

国外一些出版社设计过不同的分级阅读评测体系，我们可以选择其中一个体系测试一下孩子，找到适合他的阅读难度范围，然后在这个范围内选择合适的书籍。大部分绘本和分级读物的难度系数都可以在网上查询到，我们可以根据孩子当前所读书目的难度，在同级别中找到合适的书。另外，我们还可以根据孩子的学习进展，做相应的阅读分级测试，这样就能充分了解孩子的真实水平，以便调整阅读书目，让孩子学习起来更有动力。

欧美国家有一套比较成熟的英语分级阅读体系，分级书的选择范围也很广。如果家长实在时间有限，可以让孩子紧跟某个体系，一级一级坚持阅读，也能取得明显的进步。

3. 学习主题要适合孩子——结合兴趣

每个孩子都有自己的阅读偏好，有的孩子喜欢看虚构类的故事，有的孩子则喜欢看科普图书，英文书同样如此。书店或图书馆里，往往会辟有专门的英文原版童书区域，父母不妨多带孩子去转转，观察他感兴趣的主题，然后再借书或者买书。

有位家长曾经和我分享过一个"找到孩子兴趣"的小窍门，和大多数父母一样，他一开始也给孩子买了很多"网红"英文读物，结果孩子都不喜欢。后来，他发现孩子特别爱看电视剧《西游记》，于是就找来《西游记》的英文版动画片、音频和图书，与孩子一起读、听、看，仅仅半年时间，孩子的英文水平就有了明显的飞跃。

2003年发表在英国期刊《系统》（*System*）上的一篇关于学习环境与外语学习者内在动机的关系的研究也证明了这一点，赋予学习者选择学习材料的自由，可以有效强化内在的学习动机。

脑科学育儿"三步走"

认识大脑

- 孩子在学习外语的过程中,不但能掌握另一门语言,还可以提升个体的认知能力、语言发展水平,并且能培养更好的注意力、自我控制能力、快速思考能力。

理解和尊重大脑

- 提升孩子英语能力的核心关键点是"适合"。
- 研究发现:大量高质量的语言输入是提高儿童目标语学习效率的关键;在语言大量输入的过程中,孩子还需要重复学习。
- 语言学家斯蒂芬·克拉申提出"i+1"——可理解性输入的观点,这里的"可理解",不是说要理解句子中的每个词、每句话,而是只要不影响我们的整体理解就可以。
- 研究发现:赋予学习者选择学习材料的自由,可以有效地强化学习者的内在动机。

支持大脑

- 学习方法要适合孩子的个人情况。优先选择孩子更为喜欢的英语学习方式;在大量输入的过程中,用不同方式重复学习。
- 学习难度要适合孩子。选择适合孩子现阶段水平的学习资料,循序渐进地引导孩子学习。
- 学习主题要适合——结合兴趣。不要太迷信"网红"英语读物,而是要选择孩子感兴趣的读本来阅读。

越运动，越聪明

人人都想拥有一个聪明的大脑，确实，聪明的大脑可以让我们在处理事情时游刃有余、抢占先机。作为一名长期致力于探究人脑工作方式的老师，我对运动控制、感知运动等也有着较为深入的研究。近年来，我国越来越重视对在校学生的体育运动考核，对此，我感到由衷的欣喜。

那么运动和聪明到底有没有关系？二者的关系究竟有多大呢？

💡 运动和聪明的关系

熟悉我的人都知道，我热衷于参加各种运动，滑雪、潜水、冲浪这些极限运动都是我心之所爱。我与运动也有着不解之缘，我本科毕业于北京体育大学，后来远赴美国开启硕博连读生涯，目前就职于北京大学心理与认知科学学院，致力于和动作相关的大脑功能的研究。

几年前，有一则新闻报道了北京一所小学计划启动"零点体育"项目。该项目是在专家指导下研发出来的活动，学生在老师的带领下，每天早晨8点开始，持续运动40分钟，然后再开始一天的文化课学习，而日常的体育活动仍然照常进行。作为一名擅长运动的认知科学家，我对学校的这一举措极为赞同。

事实上，类似的项目在美国很早就已进行过研究和实验，他们称之为"零时体育计划"。研究对象是芝加哥郊外一个学区的19000名孩子，研究主题是上课前的体育锻炼能否提高孩子的阅读能力和其他学科能力。研究结果令人兴奋，学期结束时，参与计划的孩子的阅读能力和理解能力提高了17%，而没有参与计划的孩子的能力只提高了11%左右。

更让人意外的是，此计划实施17年后，在一项世界范围内的知识水平测试（TIMSS）中，这个学区的学生在数学方面获得了第六名，在科学方面获得了第一名。当时有媒体这样形容："一群体育老师，培养出了全美国最健康的学生，还让他们成了全世界最聪明的学生。"这与我们平时所戏谑的"你的数学是体育教师教的"形成了鲜明对比。

这个结果是不是大大颠覆了你心目中"四肢发达，头脑简单"的刻板印象？运动果真有如此神奇的效果吗？它的原理又是什么？

💡 运动改变大脑

科学家们研究发现，运动可以在短时间内让人类的大脑释放多巴胺、血清素、去甲肾上腺素，从而改善情绪，提升反应速度。适量的有氧运动还可以提升大脑"养料"——脑源性神经营养因子——的浓度，从而让神经元形成新的连接，修复受损的脑细胞。举例来说，海马体和我们的记忆能力息息相关，而运动恰恰能让海马体产生全新的脑细胞，从而增加它的体积，提升记忆能力。前额叶皮层与人的注意力、自控力关系密切，而运动可以更好地激活前额叶。

简单来说，我们可以把自己的大脑想象成一块肌肉，运动得越多，大脑就越强壮。

在科学领域，关于运动让大脑更聪明的相关研究是非常多的。早在2010年，美国疾病预防和控制中心就曾做过这样的报告：体育活动量越多，儿童的注意力、态度、行为和学业成绩就越好。儿童每天参与体育活动，不仅有助于改善学习成绩，还能促进身体健康。反之，如果较少或从不参加体育活动，学业成绩也会随之受到不良影响。

近些年，国家已经意识到运动对孩子身心健康的积极影响，正在努力推进校内体育教育改革，体育课受到前所未有的重视。

今后，体育老师可能要更受重视啦！

💡 让孩子体验运动的乐趣，爱上运动

我从小就热爱各种运动，小时候每天最期待的事情，就是放学后和邻居小朋友一块儿玩耍。爬树、踢毽子、跳房子、跳长绳、老鹰抓小鸡、骑马打仗，我都玩得不亦乐乎，天天回家一身臭汗。然而，现在城市里的孩子们，每天的时间都被各种课外学习班占据了。曾经有个家长向我抱怨："孩子放学后，想让他在楼下玩会儿，可是小区里根本找不到同龄的孩子。"相信很多家长对此都深有感触。

家长忙于工作，老人腿脚不利索，陪伴孩子运动的机会少之又少，好不容易到了休息日，孩子又要忙着上网课、学画画、弹钢琴，哪里还有运

动的时间呢？

身为两个女儿的爸爸，大家的苦恼我感同身受。但是，我还是想说，只要想做成一件事，方法总比困难多。我们已经了解了运动的诸多好处，今后一定要对运动加强重视。真正的重视，不能只停留在嘴上，而是要切切实实地落实到孩子的时间表上。

如果家长平时没有时间陪伴孩子一起运动，那就让孩子选择自己喜欢的运动课，不为打比赛拿名次，而是帮助孩子养成热爱运动的好习惯。每逢周末，请家长们尽量抽出一些时间陪伴孩子跑跑步、打打球、爬爬山，

不但彼此的身体都得到了锻炼，还加深了亲子间的感情，何乐而不为呢？

据我观察，有些家长功利心比较重，让孩子参加某项活动的目的性很强，必须要获得些什么。有一次，我带着女儿在操场上玩，看到一对父子正在踢球，因为爸爸想纠正孩子踢球的方式，孩子不肯听，最后闹得不欢而散，这就可惜了难得的亲子时光。孩子参加运动时，父母可以从旁给予一定的指导，但不能过于功利，运动的最终目的并不是要取得多好的成绩，而是为了培养运动兴趣，锻炼孩子的体魄。

有一些运动项目看上去很简单，其实对于心智不成熟、运动系统有待发展的孩子来说并不容易。所以，刚开始运动时，不要给孩子设立过高的目标。首先应该让孩子玩得快乐，体验运动的乐趣。只要坚持下去，孩子就会发现，原来运动是一件非常美好的事情，他们甚至还会吵着闹着要家长去指导自己运动。

与文化课学习一样，运动也需要大量练习，而练习必定是枯燥的。有经验的体育老师会在练习中加入变化来增添趣味性，目的就是让孩子坚持下去。家长和孩子一起运动的时候，也可以借鉴这样的做法。

练跳绳的时候，家长可以在孩子练习常规跳法的间隙，鼓励孩子尝试花样跳法——倒跳、双人跳等。做仰卧起坐的时候，如果播放一首快节奏的健身歌曲，孩子就会跟着节奏完成练习。练习短跑的时候，带孩子做一些与反应力相关的小游戏，比如家长喊"快"，孩子要慢跑；家长喊"慢"，孩子要快跑。

人类是情绪化的生物，孩子更是如此。所以这种灵活多变的调剂手段会让他们觉得新鲜有趣，原先对运动的排斥感也会烟消云散，进而爱上运动。

💡 帮助孩子学会正确、合理地运动

有家长会问:"我每天陪孩子一起走路上下学,这算运动吗?每天运动多久是合理的呢?"

这是一个特别好的问题,就像抛开剂量谈药物的毒性是不合理的,抛开时间和强度谈运动也是不科学的。我们以 3~6 岁的孩子为例,前几年,国家新发布的《学龄前儿童(3~6 岁)运动指南》建议:孩子每天各种类型的身体活动时间应累计达到 180 分钟以上。其中,中等及以上强度的身体活动如跑步、游泳这类项目,应该累计不少于 60 分钟。此外,儿童每天应该至少进行两个小时的户外活动,如捉迷藏、骑滑板车。

不过,看过上述建议后,你可能又会提出这样的疑问:"我们该怎么判断中等及以上强度的身体活动呢?"

告诉大家一个简便的方法:在孩子运动结束后,立即用手摸他的脉搏 10 秒钟,然后用 10 秒钟的心率乘以 6,得出每分钟的心率;运动心率在每分钟 130 以上为中等强度运动,154 以上则为高强度运动。

如果这个方法你还是觉得有点复杂,也可以在运动中观察孩子,如果发现孩子呼吸变得急促,说话断断续续,这就说明他的运动心率达到中等强度了。

需要特别注意的是,《学龄前儿童(3~6 岁)运动指南》建议中所说的运动时长,并不是指持续运动的时间量,孩子的心肺系统还未发育成熟,经受不住长时间、高强度的运动。

一般来说,学龄前儿童剧烈运动的持续时间最好不要超过 10 分钟。对于中小学生而言,目前各地学校的运动建议有所差异,有些地区要求学生每天在校内外参加体育锻炼 1 小时以上,有些地区则要求学生每天参加中、高等强度的身体活动达 60 分钟。我建议,家长在带领孩子参加体育锻炼时要格外重视运动的强度，强度是否适中取决于孩子的实际情况。

💡 重视培养孩子的精细运动

我们一般将诸如跑步、游泳、踢球等运动称为粗大运动，它们主要是由大肌肉群组成的随意动作构成的运动技能。而与粗大运动相反的运动类型，则被称为精细运动。

精细运动主要是指手、手指等部位的小肌肉或小肌肉群的运动，相信大部分家长对精细运动的记忆，还停留在孩子小的时候，比如婴儿练习抓握，幼儿玩橡皮泥、扣扣子、拉拉链、学习使用筷子和勺子、涂鸦等。对年幼的孩子而言，这些都属于富有挑战性的精细运动。

孩子要做好精细运动，首先就需要调动自身各个方面的能力。比如，孩子想用橡皮泥捏出一个苹果，首先他就需要在脑海中构建一个苹果的形象，然后整合视觉和手部运动能力开始创作。在这个过程中，他或许还要排除来自各方的干扰，如"妈妈喊你去喝水""姐姐要出去玩了"，这样才能成功完成自己的作品。

据科学家研究发现，精细运动不仅是孩子书写能力的基础，还会对孩子的认知发展及学业成绩起到积极作用。比如，2010年发表在美国期刊《发展心理学》（*Developmental Psychology*）上的一项研究显示，学龄前儿童的精细运动技能是预测小学五年级学生阅读和数学成绩的重要因素。2014年，瑞士研究者曾对儿童时期认知发展与运动发展之间的关系进行了纵向追踪研究。该研究发现，精细运动能力可以在一定程度上预测孩子早期的学业水平。

那么，家长该如何帮助孩子提高精细运动能力呢？

1. 学会"放手",让孩子自己在生活中体验和锻炼

有一次,我带女儿去跳蹦床,当我们跳完开始穿鞋的时候,女儿系了好几次鞋带都没有成功。于是,我弯下腰,手把手地给她做示范,然后耐心地等待她慢慢地系好。

旁边有个妈妈感叹道:"唉,我女儿都六年级了,还不会自己系鞋带呢!"有时候,家长的手伸得太长,对孩子的照顾无微不至——红领巾是爸爸系的,袜子是妈妈洗的……这样不仅会让孩子丧失自理能力,甚至还会阻碍孩子的大脑发育。

2. 支持孩子参与动手活动

孩子越大,知识性的输入越多,动手的时间也就越少。运动与聪明的关系,如果用一句话来概括,那就是"手巧才能心灵"。所以,当孩子想折纸飞机、画漫画、捏橡皮泥、剪纸、给娃娃做衣服或拆装家里的遥控器时,家长要多多支持。很多幼儿园每周都会开设大量的手工课,我认为是极有必要的。

脑科学育儿"三步走"

认识大脑

- 适量的运动可以让神经元形成新的连接,修复受损的脑细胞,提升记忆能力、注意力、自控力。
- 运动可以让大脑更聪明,可以提升孩子的学习成绩。
- 精细运动不仅仅是孩子书写能力的基础,而且会对孩子的认知发展及学业成绩起到积极的作用。

理解和尊重大脑

- 有一些运动项目,大人可能觉得很简单,但对于心智不成熟、运动系统有待发展的孩子来说却是个大难关。
- 运动也需要大量练习,而练习一定会让孩子产生枯燥感。

支持大脑

- 一开始运动时,不要给孩子设立过高的目标。首先应该让孩子玩得快乐,体验到运动的乐趣,这样孩子才愿意坚持运动。
- 家长可以在运动中加入变化,增添趣味性,降低枯燥感,帮助孩子坚持运动。
- 《学龄前儿童(3~6岁)运动指南》建议:孩子每天各种类型的身体活动时间应累计达到180分钟以上。其中,中等及以上强度的身体活动如跑步、游泳这类项目，应该累计不少于60分钟。此外，儿童每天应该至少进行两个小时的户外活动，如捉迷藏、骑滑板车。
- 学会"放手"，让孩子自己在生活中体验和锻炼；支持孩子参加与动手有关的活动。

Dr. 魏解惑课堂

错过了"关键期"怎么办?

💡 **问题描述:**

很多书都告诉我们,孩子的"关键期"很重要,似乎错过了这个时期,孩子这一辈子就完了。

比如"××影响孩子的一生,千万别错过这个最关键的阶段"。有的家长看到类似的话语,内心更加焦虑了,甚至还会产生愧疚感——"因为我的失误,孩子错过了某个关键期,他这一辈子就有了缺憾。"

很多家长都会有这种愧疚感,他们常常因为没有在孩子两岁时进行英语启蒙而悔恨不已。

识字早,对孩子大脑有益。如果家长没有早点儿让孩子识字,是不是就错过了大脑启蒙的大好机会呢?

如果孩子真的没有抓住所谓的关键期,是否还来得及补救?

如果家长曾经的养育方式真的错了,或者耽误了孩子关键时期的成长,难道孩子真的完了吗?

💡 魏老师回答：

现在，科学家们一般不说"关键期"，而改称"敏感期"。我们通常认为 2～3 岁是儿童学习口语的敏感期，4～5 岁是学习书面语言的敏感期。很多家长对于这样的说法非常焦虑，他们害怕因为错过敏感期而耽误了孩子，让孩子与学习的良好时机失之交臂。

不可否认的是，在一些极端案例中，错过儿童敏感期确实会造成一些无法挽回的后果。比如 19 世纪初，12 岁的"野孩子 Victor"，在法国被发现之前，从来没有和人类有过足够的接触。虽然这个孩子之后接受了多年的特殊教育，但他成年后还是无法进行正常的语言交流，这种现象被科学家称为"语言剥夺"。此外，还有著名的"罗马尼亚孤儿院事件"——受种种因素影响，当时一群在孤儿院长大的孩子，被长期剥夺与他人交流、互动的机会，从而导致他们的智力、语言和社交等诸多能力低下，长大后也难以弥补。

上述两个案例是早期心理学及认知科学研究中相对极端的例子。这种案例发生的原因，是个体在自身发展的敏感期内，被剥夺了和大脑相关的全部输入，从而导致大脑发育遇到了巨大的困难。然而，在现实生活中，大多数家庭不会存在上述这类极端情况，所以，即使孩子错过敏感期了，家长们也没有必要过于担心。

当然，在某些学科或领域，比如语言、艺术、体育等，对于过了儿童和青少年时期的人来说，学起来会困难一些，花费的时间也会更长一些。但是，成年人之所以在这些领域感觉学习的阻力很大，其实是与成年人专注时间较少有关。

敏感期是存在的，但是没有夸张到"错过了就不行"的地步。

所以，孩子如果错过了某项能力发展的敏感期，父母也无须过度焦虑。很多父母担心错过学习外语的敏感期，孩子就学不好了，事实上孩子可能只是学起来费力一些。请注意，这只是量上的差别，并不是质的变化。很多"60后""70后"小时候都没有学过英语，但这并不妨碍他们中的很多人拥有很高的英语水平。

脑科学的研究已经证明，即便是成年人的大脑也是具有可塑性的。大脑每天都在产生新的神经元，随时都能形成新的神经连接，这些就是我们能够持续学习的强大基础。一个人若是想学习，懂得学习的方法，能力便会得以提升。

对于为错过孩子发展敏感期感到焦虑的家长，我建议换个角度来看待这个事情：孩子的童年时光如此短暂，假如将大部分时间用来学英语，可能就没有时间练钢琴了；家长若想让孩子学习多项技能，把孩子的时间都占满，那么孩子的童年将是不快乐的。所以，我一直强调，育儿要有平常心，做父母不要太贪心。

总结一下，我对敏感期的看法是，如果在孩子成长发育的早期，家长了解到某些能力是有敏感期的，而孩子在幼儿园等外部环境中又学习不到的话，那就不妨趁此阶段抓住敏感期，为孩子创造学习这些能力的机会。如果孩子已经错过了某项能力发展的敏感期，那也没关系，从当下开始学就好了。

另外，家长们千万不要错误地解读我的看法。比如，我说"识字早对孩子的大脑发展有益"，有些家长就会想当然地推论出"识字晚会损害孩子的大脑发展"，这是逻辑错误。启蒙早对孩子有帮助，并不意味着可以倒推出启蒙晚就对孩子有坏处，这一点还请家长们注意。

孩子对短视频上瘾怎么办？

💡 问题描述：

> 很多孩子一看短视频就停不下来，令家长无比头疼。那么，短视频对孩子大脑有负面影响吗？
>
> 有人提倡不要给孩子看短视频，因为这会让孩子对这种"快反馈"上瘾，习惯快节奏内容，无法沉下心体验当下的正常生活——正常的生活节奏对他来说太慢了，太无聊了，不够刺激。
>
> 短视频是会带来更丰富的信息，拓宽孩子的视野，还是真的会影响孩子大脑的成长呢？

💡 魏老师回答：

我们先来厘清问题中提到的一个词——"快反馈"。科学界一般不用这个词，反馈并没有快与慢之说。

有的家长可能会说，短视频很吸引人，看一会儿就上瘾，连大人也会一刻不停地看下去。其实，如果一个人有良好的学习习惯，比如喜欢阅读，那么在读书的时候，也能很快得到令自己身心愉悦的反馈。

无论是短视频还是游戏，它们的生产者都是要用吸引人的信息组织形式留住人，并让人一直看下去或玩下去。所以，出于这种目的制作出来的视频内容或游戏场景，必然会强烈地刺激大脑分泌多巴胺，让人产生兴奋的感觉。这正是短视频、游戏让我们沉浸其中不能自拔的原因。成年人尚且管不住自己一直看视频、打游戏，那么，对于大脑还没有发育好、自控力较低的孩子来说，短视频、游戏就更会让他们上瘾。这也是今天很多农村地区的留守儿童所面临的最大问题。

一旦大脑习惯了这种高感官吸引力的刺激，它就会对刺激不那么强的其他活动丧失兴趣。因此，沉迷短视频、游戏的人，至少在短时间之内，会对学习、阅读、人际交往等事情缺乏兴趣。这类刺激下产生的上瘾行为，会让人的注意力模式发生改变：任何场景，如果不能在短时间内产生新的变化、新的爆点、新的刺激，人的注意力焦点就会游走。这样的注意力模式会损害孩子的学习能力，因为绝大多数的学习场景，都没有光怪陆离的感官刺激，而孩子却需要在缺乏多巴胺刺激的环境中，保持较长时间的注意力。

短视频带来的另一个比较严重的危害是阻碍深入思考，短视频会让孩子误以为"哦，我看懂了，所以我就学会了"。作为成年人，我们是深有体会的，很多知识不是短视频里的几句话就可以讲清楚的。学习的本质是思考，学习需要在实际场景中进行操练。但是，短视频给人造成的错觉是"我看完就懂了"。这种认识是错误的，对于本身就缺乏思辨能力的孩子来说，格外危险。

总而言之，我认为短视频对孩子大脑产生的负面影响可以分为两个方面。

第一个方面，如果孩子看短视频上瘾，就意味着他养成了通过短视频获得信息的习惯。那么，他通过读书获得信息的习惯就会被破坏，他的注意方式被扭曲，深入思考的能力也会被削弱。而对孩子来说，阅读和深入思考，都是非常重要的学习习惯。

第二个方面，当看短视频的不良习惯占据了孩子太多时间，就会对其学习能力、运动能力以及视力水平带来负面影响。

有些家长会采取"以毒攻毒"的方法——让孩子随便看短视频、玩游戏。他们认为，孩子看多了、玩多了，不觉得新鲜了，自然就不会再沉迷其中了。对大多数家庭来说，我不提倡尝试这种风险极高的方法。因为对大多数缺乏自控力和分辨能力的孩子来说，一旦其大脑形成了对高刺激的依赖，过后家长再想去控制或者调整，就很难了。

03

理解大脑（二）：
为孩子打造受用一生的
学习能力

> "你为什么记不住?"
> "你能不能好好听讲?"
> "别磨磨叽叽啦!"
> …………
> 　　家长常常习惯用命令式的语言逼迫孩子变得更好,而结果往往事与愿违。
> 　　这样功利性的陪伴,带给孩子的是压力,而不是美好的亲子互动体验。
> 　　我们可以多点儿松弛感,允许孩子的大脑慢慢成长,给孩子多一些信任,相信他们可以愉快地进入自己的知识乐园。

"我怎么背也记不住"
——轻松记忆的方法

有这样一则新闻,高考前夕,深圳某中学的一位高三班主任为学生准备的高考礼物,是通宵用巧克力奶油给每位学生做了一片"记忆面包"。"记忆面包"的原型出自日本动画片《哆啦A梦》,其中有这样的故事情节——只要在考试前,把知识印在面包上,再吃下去,学生就能记住全部内容,这就是"记忆面包"。这位老师也想借助自己亲手制作的"记忆面包",祝愿学生们考试顺利。

这当然是一个美好的故事,如果世界上真有这样的面包,那么死记硬背就可以成为过去式了。可是记忆并不是一件简单的事情,若想科学地提高记忆力,首先得知道记忆有哪些类型,提高记忆力有哪些好方法。

以下是记忆的三种类型。

💡 感知记忆

感知记忆是指通过感觉器官对外部刺激进行感知和处理，并将这些感知的信息暂时存储在大脑中的一种记忆形式。我们人类每时每刻接收到的信息就是一类外部刺激。比如，过马路时看到的红绿灯，听到的车来车往声，闻到的路边烤串店的香味，这种来得快、去得也快的信息属于感知记忆的范畴。孩子的感知记忆中，尤以视觉记忆最为突出，所以孩子擅长死记硬背。

我经常提起的闪卡训练，看起来似乎很神奇，实际上是商家利用了低龄儿童的记忆特点。这种记忆方式的短板在于：信息量太大，无法经过加工后再存储，而且保存时间短，不利于大脑调取。所以，随着孩子年龄的增长，大脑便不再依赖这种方式来进行记忆。

💡 短时记忆

短时记忆就是临时需要记住信息的能力。比如坐车时，需要记住在哪一站下车，大脑就会根据这个临时需求记住站名，等到下车后，不需要这个站名了，大脑就会自动抛弃它。不过，短时记忆有个缺陷，就是不能同时记太多，否则大脑就会"短路"。比如在一个陌生的城市，想要一次性记住换乘的三辆公交车线路就会比较困难。与成年人相比，孩子的大脑还没发育完全，注意力又差，所以他们能同时记住的信息就更少了。

在日常生活中，经常有父母会抱怨孩子丢三落四，不是忘带作业就是弄丢了水壶，这其实也和孩子的短时记忆特点有关。

短时记忆，也称为工作记忆。工作记忆反映了一个人在短时间内存储信息的能力，也包括短时间内控制和操纵信息的能力。工作记忆的重要性是毋庸置疑的。工作记忆与儿童数学能力呈正相关关系已经得到了许多研究的支持。比如，在美国一项为期10年的关于"视空工作记忆"[1]的纵向研究中，研究者发现儿童视空工作记忆的早期增长可以预测其在5年级结束时的数学成绩，视空工作记忆本身也可以预测儿童6～9年级的数学成绩增长。在对6～8岁儿童的研究中也发现，工作记忆与孩子的各种学业能力，特别是阅读能力密切相关，甚至智商测验的成绩很大程度上也取决于工作记忆能力。

既然工作记忆能力这么关键，那么，有没有办法可以提高孩子的这种能力呢？

1．冥想

冥想就是学习把注意力放在当下，同时监控自己注意力的能力。国内把冥想又叫作正念力，主要就是培养孩子自上而下的注意的能力。

2．体育锻炼

家长可以带孩子多做一些有氧运动，会有明显的效果。

3．某些特殊的电脑游戏

有一些专门针对提升工作记忆能力开发的游戏，这些游戏的实质是把工作记忆的心理学测验转换为电子游戏的形式。但是，这个方法颇受争议，目前的共识是它提升的能力只局限于过往的任务，如果孩子再次碰到这些记忆任务，那么训练是有效的；如果记忆任务与过往的训练差别较

---

[1] 视空工作记忆：巴德利工作记忆模型中的一个重要成分，一般指人脑短暂存储和操纵视觉空间信息的能力。

> 我们来罗列出一个清单吧,出去玩要准备什么呢?

捞鱼的工具:捞鱼网、水桶、铲子。
食物:水、面包、香肠、水果。
防护物品:驱蚊水、创可贴、消毒湿巾。

大，训练就没有明显的效果。所以，我个人建议，家长们暂时不要采取这一方法。

4. 提升孩子工作记忆能力的小窍门

短时记忆的容量比较小，普通人的记忆容量是四个，也就是说，成年人最多能同时记住四件事，孩子则更少。虽然我们无法改变记忆容量，但是家长们可以顺应短时记忆的特点，指导孩子使用更好的记忆策略。

平时，我经常会带领孩子做一些分类练习，就是对杂乱无章的事情进行分门别类，这样能有效地减轻孩子的记忆压力。

家长们也可以试着多去做一些类似的事情。比如，周末带孩子郊游，如果你希望孩子自己准备物品，最好不要一股脑儿地全部告诉孩子要带什么。那么多东西，孩子根本记不住。你可以先和孩子一起讨论，罗列出一个清单：出去玩要准备的物品？

首先，当然是和玩有关系的东西，比如捞鱼网、水桶、铲子。要在外面待一天，肯定得吃饭、喝水，所以还要准备食物——水、面包、香肠、水果等。户外必需的防护物品也不可少，比如驱蚊水、创可贴、消毒湿巾。通过这样的分类，孩子对需要准备的物品就一目了然了。家长可以指导孩子多做这样的分类练习，让分类成为孩子思考和学习的习惯，这样孩子就能突破短时记忆的瓶颈，做事会越来越有条理。

💡 长时记忆

长时记忆就是长时间甚至永远存储信息的能力。短时记忆如果不转换为长时记忆，久而久之信息就会被遗忘。我们知道，短时记忆容量是有限的，而长时记忆的容量才是无限的。它就像一个无边无界的水库，可以一直往里面蓄水。你可以把长时记忆中存储的信息看作你理解这个世界所需要的一切背景知识，包括你个人的经历，也包括你从书本或课堂上学习到的知识。没有这些知识的支撑，你就会产生很多困惑。

举个例子，如果你的长时记忆里没有"借贷"这个概念，就很难联想到银行、利息等相关信息。

那么，有什么办法可以提升我们的长时记忆呢？

在谈方法前，先来详细解释一下长时记忆的原理。

首先，在信息输入的时候，你的大脑能否顺利地完成信息编码工作？换句话说，初次记忆的时候，你是否很好地处理了所要记住的信息？在处理信息前，你是否保持了专注力，是否对信息感兴趣，是否有信息基础？

什么叫有基础呢？举例来说，你已经对国际象棋有所了解，如果要求你记住一个残局，可能看一眼就记住了这个残局；反之，如果你不懂国际象棋，那么，即使花10倍的时间，可能也难以记住。这就是知识积累的效应，也是为什么专家对其所擅长领域的知识储备要比一般人多很多，尽管他的记忆能力可能很普通。

其次，初次记忆之后，必须要重复记忆，这样才有可能保持长时记忆。

保持和提升长时记忆，也是有技巧和策略的，接下来给大家分享两种提升孩子长时记忆的方法。

1．借助可视化的思维工具

使用导引图可以很好地帮助孩子提升长时记忆能力，像大家熟知的思维导图，就是其中的一类。导引图主要是利用颜色、文字和图像，将信息进行视觉化的表达，然后将内容之间的关系用不同的方式表现出来。研究发现，导引图可以把内容分解成孩子可以理解和掌握的若干个组块，从视觉上吸引他们的注意力，从而提升记忆力。

很多家长经常会陪孩子读童话故事，读完故事后，就可以和孩子一起制作"故事图"，帮助孩子回忆和厘清故事发生的时间、人物、地点以及事件发生的先后顺序；学习新词汇时，可以制作"词网图"，找出所学新词的同义词，创造新旧知识之间的连接，从而让孩子不断加深印象；学习有关水的科学知识时，可以围绕水制作"概念图"，把水的特性、用途、状态以及水与其他事物的关系一目了然地展示出来。此外，还有"因果图""比较图"等。

以上都是通过视觉辅助，用结构化的方式帮助孩子寻找不同内容之间的关系，让孩子带着理解去记忆。

2．让孩子成为我们的老师

孩子对新学到的东西有着很强的分享欲。

> "妈妈，你知道腊八蒜是怎么做出来的吗？今天老师教我们了。"
>
> "爸爸，你知道航天员在太空是怎么睡觉的吗？我在电视上看到啦！"
>
> "姥爷，我们今天是坐398路公交车来的，那个车先往上开，再往右，最后还往下，一共有30多站呢。对了，还经过了奶奶家，哎呀，我还是给你画出来吧！"

孩子把外界输入的知识从大脑中筛选出来，再用他自己的语言、动作或者图画表达出来。在这个过程中，为了让别人明白他的意思，他会不停地使用"记忆漏斗",进行回忆、联想和思考。思考如同燃烧的火焰,而记忆则是思考的灰烬。孩子输出自己想法的过程,就是思考。这种对信息的深度加工,是让孩子形成稳固记忆的好方法。

有的家长可能会问:"我家孩子不愿意分享,不愿意跟家长沟通,怎么办呢?"这就需要家长保持耐心并加以引导了,有时甚至还考验家长的演技。比如下班回家后,孩子刚听完一集《西游记》的故事,家长赶紧说:"哎哟,我怎么错过了这么精彩的故事啊!你能不能给我讲一遍啊?"平时,家长还可以多举办一些家庭故事大会、家庭知识课堂,让孩子感受到分享的快乐和成就感,从而养成乐于输出的好习惯。

脑科学育儿"三步走"

认识大脑

- 感知记忆：指通过感觉器官对外部刺激进行感知和处理，并将这些感知的信息暂时存储在大脑中的一种记忆形式。
- 短时记忆：也称为工作记忆，反映了一个人在短时间内存储信息的能力，也包括短时间内控制和操纵信息的能力。短时记忆的容量有限，普通人的记忆量约为四个。
- 长时记忆：指长时间甚至永远地存储信息的能力。短时记忆如果不转换为长时记忆，信息就会被遗忘。

理解和尊重大脑

- 孩子的感知记忆以视觉记忆最为突出，孩子擅长死记硬背。
- 孩子大脑还没发育完全，注意力又差，所以同时能记住的信息比较少。
- 工作记忆的早期增长可以预测未来的数学成就。对6～8岁儿童的研究发现，工作记忆与孩子的各种学业能力，特别是阅读能力密切相关，甚至智商测验的成绩很大程度上就取决于工作记忆能力。
- 知识积累和重复记忆，是保持长时记忆的重要因素。

支持大脑

- 发展短时记忆的方法:
  ① 冥想,培养孩子自上而下的注意的能力;
  ② 体育锻炼,多带孩子做一些有氧运动;
  ③ 多在生活中做分类练习。
- 发展长时记忆的方法:
  ① 借助可视化的思维工具,如"导引图""故事图""词网图"等;
  ② 让孩子成为老师,把从外界吸收的知识用他自己的语言表达出来,这种对信息的深度加工,是孩子形成稳固记忆的好方法。

"我总是走神儿"
——其实专注并不难

常有很多家长吐槽，孩子入学后遇到各种各样的问题：

> "我家孩子上课坐不住，读书、做作业时总是分心，学习效率低。"
>
> "早上送孩子上学，我们做家长的心急火燎，孩子却盯着饭碗发呆，拖拖拉拉的。"

诸如此类的情况，相信家长们都深有感触。实际上，孩子坐不住、容易分心、爱神游这三个问题与人的注意力系统有密切的关系。

💡 人的三大注意力系统

1. 自上而下的注意

什么叫自上而下的注意呢？就是一个人能主动控制自己的注意力，把注意力聚焦到需要处理的信息上的能力。这项能力是由大脑中的背侧注意网络（Dorsal Attention Network）主管的。比如，孩子在看书、做数学题时，就需要聚焦自己的注意力。当背侧注意网络被激活时，孩子就处于一种高度专注的状态，"两耳不闻窗外事，一心只读圣贤书"，此时的学习效率是很高的。反之，如果孩子无法聚焦注意力，大脑就很难有效地处理信息。

我们成人在读书时，也有过这样的体会：如果你一边看书，一边跟别人讲话，虽然你的目光还停留在书本上，但对书上的内容是"视而不见"的。这是因为你的注意力焦点并没有集中在书本上，所要阅读理解的内容无法在大脑中形成有意义的信息。

同样的道理，孩子在学习过程中，如果无法集中注意力，也会出现这样的情况，这就是通常说的自上而下的注意力比较差。

2. 自下而上的注意

自下而上的注意，是由大脑中的腹侧注意网络（Ventral Attention Network）主管的。家长在辅导孩子做作业时，常常会发现，外界一有风吹草动，孩子就会走神儿，容易被学习以外的东西所吸引。这就是外部干扰捕获了孩子的注意力。

比如，当孩子正聚精会神地看绘本时，旁边的玩具车突然响起来。面对这样的意外刺激，孩子的腹侧注意网络就会打断自上而下的注意过程，调动认知资源来处理新出现的意外刺激，表现出来的就是孩子被玩具车吸引，无法集中注意力去看绘本了。

3. 静息网络注意

静息网络注意是由大脑的静息神经网络（Default Mode Network）主管的。简单来说，当人的思绪从当下的任务中抽离，去思考与之无关的事情，比如做白日梦、走神儿，或者处于焦虑状态的时候，注意力不是在关注外界，而是聚焦于自身，就是静息网络注意开始活动的时候。

这样的"静息模式"其实经常发生，当你在单位工作时，大脑有时就会走神儿，一会儿想想晚上要吃什么，一会儿又想想孩子现在在干吗呢。生活中，我们的大脑也经常在专注和走神儿两种模式间切换。相关研究发现，人每天有一半的时间都处于走神儿状态，另外一半时间处于专注状态。这种走神儿并不是外部干扰造成的，而是我们自身的内部干扰造成的。

有一位家长曾经和我说，"我家孩子经常吃着饭就突然不动弹了"。其实这正是静息模式的表现。越是自动化、不需要动脑的事情，就越容易让人走神儿。无论是成人还是孩子，走神儿都是很常见的。如果它影响了孩子的学习，家长需要做的就是提醒孩子，让孩子重新把自上而下的注意力聚焦于当前的学习活动。

💡 如何提升孩子自上而下的注意力

1. 难度和任务相匹配

经常有家长抱怨自己孩子的专注力差，心思不在学习上。其实，这与家长给孩子布置的学习任务难度不合适有一定关系。任务太简单，没有挑战性，孩子不仅没有兴趣学，还容易走神儿；任务太难，孩子觉得毫无胜算，干脆放弃，随时准备接收其他信息，只要一有风吹草动，注意力就转移了。

所以，我们要把孩子的学习内容放在"最近发展区"，也就是要让学习内容的难度比孩子的能力稍稍高一点儿，但又不至于太难。

近几年的研究发现，如果孩子的成绩在85分左右，就意味着其错误率保持在15%左右。这种情况下，孩子的学习效率是最高的。所以，我们要尽量给孩子布置一些难度适中的作业，让他们既感到有挑战性，又能顺利地完成任务。这样在不知不觉中，孩子自上而下的注意力就能得到提高。

2．提高兴趣和增强动机

动机（motivation）可以说是自上而下注意力最重要的内在驱动。有些家长会有这样一种疑惑：为什么孩子玩手机游戏可以达到废寝忘食的地步，注意力高度集中，可一到学习就不行了呢？在我看来，这很好解释，那就是孩子玩游戏的动机强，更容易集中注意力。

那么，我们该如何帮助孩子提高学习兴趣、增强动机呢？来学一学游戏的设计机制吧！

（1）将目标游戏化

游戏一般都包含明确的目标，并且可以给玩家即时的反馈，比如现在的任务是什么，再做几个任务就能达到成就，达到成就之后就能拿多少积分。同理，我们也可以给孩子划分学习阶段，明确设定每个阶段的学习目标，而不是笼统地对孩子说一句"快去学习语文"。

另外，我们还可以将大目标分解成若干更小、更易于完成的目标。比如，今天语文学习内容有三部分：第一是复习课文，大概需要10分钟；第二是背诵两首古诗，大概15分钟；第三是写一篇小短文，主要是练习前两天学习的段落组织结构。把抽象的目标拆解成小的具体目标，让孩子一次只专注于一个小目标，这样的任务就更容易完成，孩子的学习兴趣和成就感也会更高。

(2) 积极评价和鼓励

家长还可以向游戏学习互动反馈机制，适时给予孩子积极的评价。比如：

> "我发现你今天复习得很认真，遇到不会的词还自己主动查字典，值得表扬！"
>
> "你已经完成两项任务了，过程中都没分心。今天肯定能升级了，原来你是个金牌注意力小达人啊！"

每当孩子完成一个目标后，家长都给予适时的肯定和鼓励，孩子就能从中获得成就感，学习的动机就会越来越强。

3. 合理规划时间

经常有家长向我抱怨："我家孩子最多只能集中四五分钟的注意力。"实际上，孩子的大脑还没有发育完全，3～5岁的孩子能集中注意5～20分钟的时间都是正常的。这个阶段，女孩子主要表现为容易走神儿，男孩子则往往坐不住。对此，家长们无须多虑。

平时我们可以帮助孩子合理规划时间，对于那些孩子本身就很感兴趣、参与动机很强烈的活动，可以多分配一些时间；而对于新颖且具有挑战性的任务，则不要对孩子提过高的要求。我们还可以在孩子完成任务过程中，合理安排一些休息时间，因为休息也可以促进孩子注意力的提高。

4. 给孩子创造一个易于集中注意力的环境

孩子对自上而下注意力的控制能力相对较差,很容易被外界因素干扰。换言之,他们易被自下而上的注意力所捕获。所以,我建议家长努力给孩子创造一个有助于集中注意力的环境。比如,在孩子学习的场所,把玩具、杂物等都收纳起来,尽量不要让这些东西出现在孩子的视野范围之内。减少注意力被其他物品吸引的机会,孩子也就更容易将注意力集中到学习上。

5. 提前打招呼,教孩子有意识地把控注意力

虽然孩子的注意力相对较弱,但有研究发现,在某些条件下,孩子的注意力能变得跟成年人一样持久。

分享给大家一个有效的方法,那就是提前跟孩子打招呼。

家长可以提前与孩子讨论,在学习过程中有哪些潜在因素会分散注意力,一旦真的发生了,应该怎样处理。比如,我会对女儿说:"待会儿要练字了,我知道你觉得很枯燥,其实我和你的感受是一样的。我们约定好,如果你练习的时候,感到无法集中注意力了,就在旁边的纸上画一条线,集满三条线,我们就去休息一会儿,好不好?"

这样的训练方式可以有效地帮助孩子提高注意力,让他们明白,注意力本身是可以被觉察到的。注意力如同一只小狗,溜达远了,我们就拽一下它脖子上的绳子,给它施加约束;也可以在恰当的时候,让它尽情撒野,释放天性。

这种对注意力的敏感度觉察和有意识的把控,恰恰是高阶控制注意力的方法。

脑科学育儿"三步走"

认识大脑

- 自上而下的注意力：由大脑中的背侧注意网络主管。是一个人主动控制自己的注意力，把注意力聚焦到需要处理的信息上的能力。
- 自下而上的注意力：由大脑中的腹侧注意网络主管。外部的干扰会让孩子的腹侧注意力网络打断自上而下的注意力过程，调动认知资源来处理新出现的意外刺激，所以表现为在当前任务中的注意力不集中。
- 静息网络注意力：由大脑的静息神经网络主管。指思绪从当下的任务中脱离（由人自身的内部干扰造成），去思考与之无关的事情，如白日梦、走神儿等。

理解和尊重大脑

- 孩子的大脑还没有发育完全，3～5岁的孩子能集中注意5～20分钟的时间都是正常的。这个阶段，女孩主要表现为容易走神儿，男孩则是坐不住。
- 孩子的错误率保持在15%左右时，他的学习效率是最高的。

支持大脑

提升自上而下的注意力的方法：

- 把学习内容放在孩子的"最近发展区"，让学习任务的难度比孩子的能力稍稍高一点儿，但又不至于太难。
- 提高孩子的学习兴趣，增强孩子的学习动机：将学习目标游戏化，给予孩子积极的评价和鼓励。
- 根据孩子的年龄、兴趣合理规划学习时间，给孩子创造一个易于集中注意力的环境，避免被外界因素干扰。
- 提前打招呼，教孩子有意识地把控注意力。

"别再磨蹭啦"
——比吼叫更有用的是什么

经常有家长问我:"魏老师,我家孩子做事总是磨磨蹭蹭,我吼他吼得心脏病都要犯了。这是不是和孩子注意力不集中有关系呢?"

的确,孩子在学习或者完成一些较为复杂的事情时,时常会出现磨蹭、拖延的状况,这虽然与注意力有一定的关系,但从本质上来说,有着更深层次的原因。

💡 人人都有拖延症

实际上,很多成年人也深受拖延症的折磨。不少我们熟悉的名人也有拖延症,比如列奥纳多·达·芬奇。这位天才兴趣广泛,一生涉猎建筑、解剖、艺术、工程、数学等多个领域,但他留给世人的作品却很少,这与他的拖延症不无关系。据说,他最著名的两幅画《蒙娜丽莎》和《最后的晚餐》仅仅构思就耗费了近 10 年的时间。拖延症严重影响了达·芬奇的创作数量,他的传世画作不多,其中有几幅作品直到他临终时也没有完成。

人人都有拖延症。一个有趣的现象是,一些研究拖延症的学者,自己就时常犯拖延的毛病。不过在科学家眼中,拖延本质上是大脑惰性的正常表现。

研究发现,一个成年人大脑的重量大约占其体重的 2%,但大脑一天所需要的能量却占人一天所需总能量的 20%。从生存和进化的角度来看,为了节省能量,大脑天生喜欢在舒适圈里"躺平",做简单的或是自己觉得有意思的事情。当遇到有难度的、费劲的、又没那么喜欢的事情时,大脑就会发出拖延的信号:休息,休息一下,一会儿再说吧。

所以,下次再遇到孩子起床磨磨蹭蹭、写作业拖拖拉拉时,家长最好不要一怒之下就吼孩子:"怎么说都不管用,你就是故意的!"这样做非但解决不了孩子的拖延问题,还会让他觉得很委屈,破坏亲子关系。

💡 拖延与家庭养育方式有关

科学家把父母的养育风格分为四类,分别是权威型、专制型、纵容型、忽略型。其中,专制型父母常常打击、指责、讽刺甚至威胁孩子,对孩子过度控制,目的就是让孩子达成父母自己的期望,或者维护自己的权威。

2014 年捷克的一项研究探讨了小学阶段学生父母的控制水平与大学阶段学生拖延程度的相关性,结果发现,当父母对孩子的控制水平较高时,其控制水平与孩子的拖延程度呈正相关关系。也就是说,控制欲很强的父母，凡事要求孩子对其言听计从，那么，孩子的拖延问题就有可能更严重。长期生活在这样的环境下，孩子缺乏自主感，习惯于按照指令行动，一旦指令消失了，他就失去了规划和执行的主动性。

大脑喜欢有控制感，需要有选择权的主动感。所以，我们在催促孩子做一些事情时，可以给予孩子多种选择。比如，在催促孩子上床睡觉时，可以给孩子两个选择："你想先收拾书包还是先刷牙？"其实，无论选择什么，最终目的都是让孩子上床睡觉，但是当家长把做事顺序的决定权交给孩子后，孩子就能很快启动下一步行动，从而慢慢改善拖延的毛病。

近年来的研究发现，很多时候，我们并不是在拖延时间，而是在逃避负面情绪。无论是要求过高、经常批评孩子的父母还是专制型父母，带给孩子的都是自卑、焦虑甚至恐惧的负面情绪。因此，父母首先要做的就是改变自己和孩子的相处模式，建立和谐融洽的亲子关系。

💡 孩子患有拖延症该怎么办？

1. 帮助孩子设定合理的目标，循序渐进地完成任务

如果任务太难，孩子又不怎么感兴趣，他就会做更容易或是自己更喜欢的事情。针对这一情况，家长需要做的就是帮助孩子减轻负担，缓解他们大脑的不适感。比如，孩子在学校体测跳绳不及格，你每天催着他去练，他却总是找借口拖延，要么不去，要么练几分钟就回来了。对此你火冒三丈，觉得孩子又懒又不上进。其实，这是他的大脑在畏难："1分钟跳107个才能算优秀，我现在才跳19个，这也太难了吧，我做不到。"

这时候，与其冲孩子发脾气，倒不如和他一起制订一个让大脑觉得有希望的计划。从不及格到优秀难度太大，但从不及格到及格——从1分钟19个到25个，这还是可行的。设定了合理的目标，大脑不再畏难，觉得这个事情具有可行性，它才会愿意启动，从而摆脱拖延症。接下来，你还可以和孩子一起记录每天的练习成果，让他看到自己的进步，树立信心，向下一个目标进发。

2．培养孩子的时间观念

对时间没有概念也是造成孩子拖延的一个重要原因。成年人的世界分秒必争，我们做日程表，恨不得把明天、下周甚至下个月的时间都安排得满满当当。但对孩子来说，时间就像是一条无声无息静静流淌的长河，他们置身其中，还不能真切地感受到河水的流逝。

研究发现，5岁左右的孩子刚刚能分清楚过去和未来，明白一天当中的顺序是早上、中午、晚上；8岁左右的孩子才能大概清楚什么时间做什么事情。所以，当家长早上心急火燎地催促孩子上学时，孩子其实并不理解家长为什么要这么着急。

那么，我们可以怎样培养孩子的时间观念呢？

（1）利用导引图，让时间"可视化"

你可以在时钟旁，贴上和孩子一起制作的流程图，把什么时间应该做什么事情，写清楚或者画出来。如果孩子出现拖拉的现象，就让他看图上的提示，用可视化的方式代替吼叫来提醒孩子。"导引图"是从视觉上吸引孩子的注意力，从而提升记忆力。我们也可以用这样的图示来制定时间表，让看不见的时间变得可视化，孩子也就更容易"言听计从"了。

下面是一位妈妈制作的"周末时间导引图"。

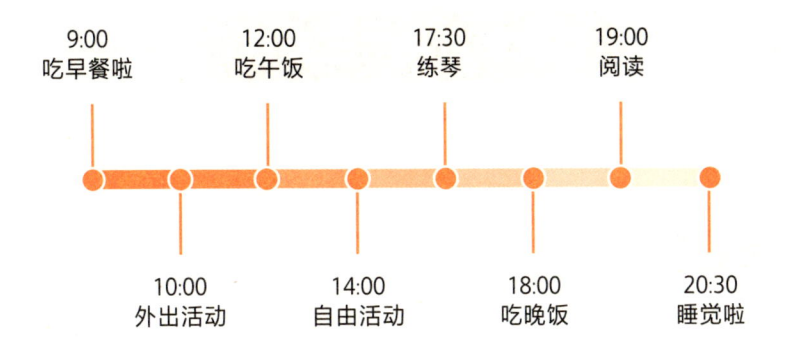

| 9:00 | 12:00 | 17:30 | 19:00 |
| 吃早餐啦 | 吃午饭 | 练琴 | 阅读 |

| 10:00 | 14:00 | 18:00 | 20:30 |
| 外出活动 | 自由活动 | 吃晚饭 | 睡觉啦 |

（2）让孩子感受到拖延的后果

我们可以找机会让孩子承担一下拖延的后果。比如，因为磨蹭导致上学迟到，孩子错过了早读时间，放学回家后就需要承担后果——补早读。由于孩子的拖延导致家长上班迟到了，可以跟孩子沟通："爸爸上班迟到被领导批评了，还被扣了工资，唉，咱们明天去游乐园，只能玩三个项目了。"我们要让孩子明白，家长并不是故意要惩罚他们，而是让他们对自己拖延时间所导致的结果有切身认识。

另外，我们还要在考虑孩子情绪的同时提出建议："我知道，你也被老师批评了，现在特别后悔，早上不该那么磨蹭。爸爸有时候也会磨蹭，这样吧，咱们明天开始早上比赛，看谁能又快又好地做完所有的事情第一个出门。你上学不迟到，我上班不迟到，咱们互相监督！"孩子一般都有很强的好胜心，会很乐于展开竞争，无形中孩子的时间观念就得到了加强。

（3）让孩子体验不拖延的好处

当孩子感受了拖延的后果后，我们还可以结合孩子的兴趣，让他品尝到抓紧时间的好处。比如，周五晚上，孩子高效地完成了全部作业，周末你就可以带着他痛痛快快地出去玩两天。晚上洗漱的时候，孩子经常拖拖拉拉，你可以设置一个"自由时间"，告诉他："如果你快速认真地完成所有洗漱活动，那么睡觉前就可以有5分钟的自由时间，你想做什么就做什么。"如此一来，孩子磨蹭的毛病就会逐渐得到改善。

脑科学育儿"三步走"

认识大脑

- 拖延本质上是大脑惰性的正常表现。为了节省能量,大脑天生喜欢在舒适圈里"躺平",做简单或感兴趣的事情,拖延有难度或不感兴趣的事情。大脑喜欢有控制感。

理解和尊重大脑

- 拖延与家庭养育方式有关。控制欲很强的家长,孩子的拖延问题可能会更严重。
- 孩子磨蹭拖拉,怒吼批评解决不了问题,只会破坏亲子关系,让孩子逃避、抵触做事。
- 很多时候,我们拖延并不是在拖延时间,而是在逃避负面情绪。

支持大脑

- 给孩子多种选择,把决定权交给孩子。
- 帮助孩子设定合理的目标,循序渐进地完成任务。
- 培养孩子良好的时间观念:利用导引图让时间"可视化";感受拖延的后果;体验不拖延的好处。

假装游戏：
激发孩子的想象力和推理能力

你有没有发现，孩子常常会说：如果他是谁，他会怎么样？其实这是孩子在玩假装游戏。你有没有跟孩子一起玩过假装游戏呢？假装游戏是一种象征性的游戏形式。在这类游戏中，孩子通过想象的场景、人物和物体来推进游戏的情节。孩子可能会想象自己是宫殿里（家里）的冰雪公主，拿着神奇的药物（水壶里的水），来给王子（家长或同学）解毒。这里用到的场地、物体和人物的原本用途，都被孩子做了替换，从而营造出了一个孩子想象的虚拟世界。

有的家长或许不屑一顾，认为假装游戏"小儿科"。事实恰恰相反，假装游戏才是游戏中的"集大成者"。假装游戏是大脑强大的模拟能力的体现，看似漫无边际，实则很有逻辑性地对世界进行了模拟，可以提高孩子各个方面的能力。

💡 假装游戏有哪些好处？

1. 假装游戏可以提升想象力、逻辑推理能力、自控力、记忆力等多种认知能力

刚进入幼儿园的小朋友在想念妈妈时，可能会拿起身边的一根香蕉给妈妈"打电话"。小朋友会想象妈妈会说些什么，还会像模像样地跟妈妈"对话"。透过这个小小的举动，我们能看到孩子的抽象思维能力、想象力和模拟能力——他能把对电话功能的理解，灵活地运用到一根香蕉上，通过自己一个人的表演，诠释对妈妈和孩子两个角色的理解。

人类的认知能力中有一个关键点叫作执行功能，其中的一个核心部分就是自我控制能力。研究发现，在 20 名 4～7 岁的儿童中，假装游戏的能力和自我控制能力呈正相关。

为什么会有这样的结果呢？因为在玩假装游戏的时候，孩子需要压制对一般事物的认知，改用虚构的认知来完成游戏。比如，将香蕉这一水果虚构为电话，将站在对面的小伙伴想象为黑魔法王子。在假装游戏中，孩子需要时时调用这种自我控制能力，游戏本身就给孩子创造了很好的练习机会。

假装游戏中需要的自我控制能力，还能帮助孩子克服焦虑，比如入园焦虑（进幼儿园和父母分离时的焦虑）。生活中，为了缓解孩子去医院看病的紧张心理，家长可以与孩子玩模拟护士给小朋友打针的假装游戏，在模拟世界中反复练习这样的易焦虑情景，就能减少孩子面对真实情景时的焦虑。

此外，假装游戏还可以提升孩子的工作记忆能力。在上面的"打电话"案例中，孩子既要明确身份角色——"我是妈妈""他是宝宝"，还要记住两个虚拟角色做了什么、说了什么，才能顺利地进行假装游戏。这就是为什么有研究表明，学龄前儿童玩假装游戏，可以帮助他们提升工作记忆水平。

实际上，假装游戏是一种只有我们人类才会玩的高阶游戏。这种看似简单的游戏，能够很好地提升我们的想象力、规则运用能力、自我控制能力等高级认知能力。所以，家长一定要支持孩子常玩假装游戏。

2. 假装游戏可以提升孩子的语言能力

你有没有注意到，孩子在玩假装游戏的时候，嘴巴里经常会冒出一些新词，有些词甚至会让你大吃一惊？另外，孩子有时还会把父母和老师等人的话搬进游戏里，一本正经地模仿大人说话，俨然一个"小大人"，特别有趣。

大量研究发现，儿童在游戏中确实会动用更多更复杂的语言，尤其是在玩假装游戏时，孩子的注意力集中在情境和角色扮演上，这些都会不断强化孩子对交流和行为的关注，充分调动孩子的语言能力。换句话说，假装游戏为孩子提供了调动并运用新鲜词汇的绝佳机会。

3. 假装游戏还可以培养孩子的情绪与社交能力

国外有研究将假装游戏引入5～6岁孩子的课程中，结果发现，这种课程给孩子提供了社会参照和角色扮演的机会，提高了孩子的情绪识别能力，丰富了他们的情绪词汇。

情绪的培养对孩子非常重要。在假装游戏中，孩子可以协商谈判，可以学习规则、礼仪，可以培养同理心，可以宣泄情绪，可以在试错中成长。例如，孩子害怕打针，但在假装游戏中，他们却喜欢玩"生病打针"的游戏。扮演打针的孩子，通过再现痛苦的体验，减轻了对打针的恐惧；扮演医生的孩子，通过给别人打针，排解了对医生的恐惧；扮演家长的孩子，通过理解并照顾生病的孩子，也对父母有了更多的理解与感恩。

如何与孩子玩假装游戏？

既然假装游戏有这么多的好处，家长们自然要积极鼓励孩子去玩。不过，有的家长可能会担心，玩多了假装游戏，孩子会不会分不清楚真实和幻想，沉迷于虚幻世界之中？

别担心，研究发现，3岁的孩子就能区分现实和想象。孩子想象出一个朋友，并不说明他一定很孤独，或者沉迷于幻想世界。实际上，这反而说明孩子有创造力和社交能力。孩子想象中的朋友既能为他提供一种表达自我、解决问题的途径，也扩展了假装游戏的玩法。

所以，家长看到孩子玩假装游戏时，不要打击孩子的热情。如果时间允许，建议家长和孩子一起玩，或者邀请邻居小朋友一起加入游戏。另外，如果看到孩子在反反复复地玩同一个主题的假装游戏，也不要加以制止，这正是孩子在不断练习、熟悉和扩展游戏的过程。

下面来讲一讲家长如何与孩子一起玩假装游戏。

1. 为孩子提供游戏道具

研究发现，提供角色扮演道具会激励儿童参与假装游戏。当然，这些道具不一定非要另外购买，如果我们能创造性地利用好生活用品，孩子同样可以玩得不亦乐乎。比如，快递纸箱可以当作船，废旧床单可以做成帆，给孩子戴上墨镜，如此摇身一变就成了威武的海盗。

2. 丰富孩子游戏的想法，提升游戏的质量

我们可以跟孩子简单讨论出一个"剧本"。以海盗游戏为例，我们先设定人物角色，然后征求孩子的意见："这个海盗是好人还是坏人？他有什么特点？"还可以提示孩子："海盗穿什么衣服，戴什么帽子，有什么

习惯，说话的语气什么样？"之后，再与孩子讨论一下故事的情节走向："你想玩海盗奇遇宝藏的游戏，还是海盗变成好人的故事？"设定好剧本的基本要素之后，孩子扮演各种角色才会更有目的性。

有了大致的故事方向后，我们就能进一步丰富故事内容。比如提示孩子："海盗都克服了哪些困难才得到了宝藏？他在海上是不是遇到了鲨鱼、暗礁、飓风？海盗好不容易得到了宝藏，你觉得他会拿这些财宝去做什么？买一艘全世界最大的海盗船，还是把宝贝藏到另一个地方？"

这样做的目的是不断地引导孩子拓宽思维的边界，尽情发挥他们的想象力和创造力。有了父母的鼓励，孩子玩游戏的兴致会更浓，想象力也会被不断地激发出来。

还有一点，不知你是否注意到，孩子的想象大部分源于他们读过的书、看过的动画片。像前面提到的海盗的剧本，孩子可能是联想到了《一千零一夜》的故事片段，也可能是融合了《西游记》的桥段。不难看出，孩子玩假装游戏，不仅能让他通过想象，将现有知识融会贯通，还能激发他对阅读的兴趣，同时，对提升孩子的作文水平也大有益处。

3. 指导孩子借助假装游戏去解决问题

你有没有发现，和成人相比，孩子在现实中常常会有一种无助感？因为孩子很少能掌控自己的生活。而在游戏世界里，通过扮演和假装，他们可以拥有无限的权力，可以做自己的主人。心理学家埃里克森认为，假装游戏能给孩子一种控制感和自主感，可以起到自我修复的作用。

我通常会在孩子害怕的场景出现前，和她一起玩假装游戏。遇到孩子生病要打针时，我会在前一天和她玩医生与病人的游戏，这种演练能让孩子对现实中可能出现的情况有一个心理预设。当孩子心中有数后，再去医院打针时，自然就不会那么害怕了。

这种游戏方式还可以运用到很多场景中，比如我发现女儿在幼儿园不肯睡午觉，我就跟她一起扮演午睡的场景。由她当老师，我表现出不肯睡，她就会绞尽脑汁地想出各种办法哄我睡。她还会告诉我："你可以不睡，但不能影响其他小朋友。你可以自己看书，或者安静地折纸玩。"这番措辞或许就是她从老师那里听来的。你看，通过假装游戏，孩子学习了如何应对午睡的问题。如果有一天自己不肯睡觉，她就能回忆起这些解决方案。

再举个例子，如果孩子在阅读时不太专注，一会儿要玩玩具，一会儿要喝水，还总是说话，我们也可以尝试用假装游戏的方式去引导他养成认真阅读的习惯。比如，我们可以让孩子扮演老师，我们来扮演学生，让这位"小老师"来监督你认真地阅读。

研究发现，用假装游戏解决问题，还可以减轻孩子的压力，增强抗挫折能力，孩子会更愿意在游戏中不断地尝试。有位家长曾经和我分享过这样一个案例，他观察孩子玩拼图，半天才能拼对一块，孩子没玩多久就不想玩了。于是，这位家长想出了一个办法，在和孩子玩假装游戏"寻宝之旅"的过程中，他把拼图作为其中一关的考验，拼图成功的人，才能获得宝物。结果，在游戏的吸引下，孩子好像不知疲倦，完全没有挫败感，一遍又一遍不停地尝试。两个小时过去了，他终于夺宝成功。看，这就是假装游戏的魔力！

如果幼儿园安排孩子演话剧、戏剧这些编排好的假装游戏，建议家长要多多鼓励孩子参加。

脑科学育儿"三步走"

认识大脑

- 假装游戏是大脑强大的模拟能力的体现,是孩子富有逻辑性地对世界所进行的模拟。
- 对20名4~7岁儿童进行的研究发现,假装游戏的能力和自我控制能力呈正相关关系。

理解和尊重大脑

- 假装游戏可以提升孩子的想象力、逻辑推理能力、自控力、记忆力等多种认知能力。
- 假装游戏可以提升孩子的语言能力。
- 假装游戏还可以培养孩子的情绪与社交能力。

支持大脑

- 家长可以支持孩子玩假装游戏,和孩子一起玩,或者邀请邻居小朋友一起加入游戏。
- 看到孩子重复玩同一个主题的假装游戏时,家长不要制止。
- 与孩子一起玩假装游戏,家长要做好以下几点:

①为孩子提供游戏道具;

②丰富孩子游戏的想法,提升游戏的质量;

③指导孩子借助假装游戏去解决问题。

元认知能力：
让孩子掌握学习的"高阶思维"

孩子的数理能力和语言能力都非常重要，很多家长在孩子小的时候就开始注意这两种能力的培养。那么，你知道提升这些学习能力的根本因素是什么吗？这就是元认知能力。

💡 什么是元认知能力？

元认知能力是一个人对自身思维过程的认知和理解，即我们通常所说的反思能力。

《论语》中强调的"吾日三省吾身"，说的正是反思。

元认知中的反思特指对思维过程的思考和认识。对个人而言，反思就是想一想自己是如何思考和学习的。科学家认为元认知能力是人类独有的高级认知功能，他们把元认知解构为两个或三个组成部分。接下来，我将借鉴元认知的二分法，为大家介绍一下元认知知识和元认知调节与监控，以便让家长们更好地了解元认知能力。

1. 元认知知识

元认知知识包含不同的类型。举例来说，孩子要玩积木，但是上午要出门，所以只有 30 分钟的玩耍时间。于是，孩子迅速做出判断，以他的能力和速度，搭建复杂的城堡可能时间不够。接着，他马上和家长讨价还价：能不能 50 分钟后再出门呢？得到否定答案后，孩子又做了些许变通，挑选了简单的城堡去搭建，保证自己能在 30 分钟内完成。

这一系列操作充分展现出了孩子对自己的能力和速度以及搭积木难度的判断，这就属于元认知知识。

但在实际中，越小的孩子，对自己能力的判断就越容易出错，不是高估就是低估。所以，孩子需要在成长中慢慢掌握元认知知识。

对儿童期的孩子来说，元认知知识主要涉及他们对自身能力的判断，对不同学习内容的难度和学习速度的判断。随着年龄的增长，孩子的元认知知识会变得复杂起来，比如他们能够监测注意力，判断自己是不是走神儿了。除此之外，家长还可以教会孩子如何用有效的思考策略去应对不同的认知任务，这样也能丰富孩子的元认知知识。

2. 元认知调节与监控

对孩子来说，元认知调节和监控是一种高级技巧。遇到复杂的学习任务时，我们需要对有效学习加以规划。比如棋类游戏，需要学习各种棋子的相对关系，记忆各种下棋策略、棋局和残局，并且反复练习。这就是有计划地开展学习任务。

与此同时，我们还需要时刻监控学习的进展情况。还是以下棋为例，要经常复盘自己是否记住了某一类棋局，残局是否属于同一类型，还需要评估自己的进展情况。在参加某个象棋级别的赛前，孩子需要评估自己是否达到了参赛要求。这种对思维和学习本身的监控和调节能力十分重要，任何需要深度思考的学习项目都要求我们具备这样的能力，孩子也是一样。我们会发现，有时候一些聪明的儿童甚至掌握了监控自己情绪状态的技能："我现在不做决定，因为我还在气头上！"

元认知能力有多重要呢？科学家认为，这种高阶思维策略可以使大脑更灵活，思维更开放。诸多研究发现，元认知对一个人学习水平的贡献甚至超越了单纯的智商所带来的影响。使用元认知策略的学习者可能会取得更高的成就，而改善学习者的元认知实践能力则可以弥补他们在知识和智商上的短板。

有些家长可能会问："元认知确实很重要，可这种高阶思维，小孩子能拥有吗？"

答案当然是肯定的。

2006 年和 2008 年，中国研究者陈英和等人曾经做过两项研究课题，分别让幼儿对不同形式的卡片进行分类并完成不同难度的拼图任务，任务完成后，他们向幼儿提问：

"你认为哪个任务更难呢？"

"如果兄弟二人拼这个拼图，谁会拼得更好呢？"

研究者用这些问题来检测幼儿的元认知知识。同时，在拼图任务中设置不同难度的目标图形，给幼儿提供动手操作的材料，之后以拼图过程中的注视次数、悔步次数、停顿次数、操作时间和成功个数为指标，测查幼儿的元认知监控能力。结果发现，即使年龄偏小的幼儿，也在不同层面上具备了一些元认知知识，同时表现出了一定的元认知监控能力。

所以，家长们千万别小看自己的孩子，低龄儿童可能无法描述他们表现出的元认知过程，但这并不意味着他们没有能力去应用元认知。下面为大家介绍一些帮助孩子提高元认知能力的方法。

💡 提高孩子元认知能力的三种方法

1. 多与孩子聊天

通过聊天，我们可以用成年人的思维优势引导孩子对事物和问题进行思考。

比如，孩子玩拼图之前，你可以问问他："你觉得多长时间能拼完？和昨天玩的那个拼图比，这个拼图哪里比较难啊？"

拼完后，你再问问孩子："这比你预计完成的时间慢了20分钟，你觉得是什么原因呢？"

考试之前，你可以这样问孩子："你觉得自己能考多少分呀？你认为什么内容最难？"

考试成绩出来之后，你可以与孩子交流："这道题做错的原因是什么呢？接下来，我们不如就在这上面多花些时间做练习吧。"

这种思维引导方式的应用范围十分广泛，比如在孩子遇到问题、犯了错误或者考试没考好的时候都可以运用。虽然越小的孩子对自身能力和学习速度的认知越不准确，但通过家长的引导，孩子能够不断比较事前的认知和事后的结果，这就带动了孩子对自己思考和判断过程的反思，从而帮助孩子逐步掌握元认知知识。

当孩子取得较大进步后，我们还可以"虚心请教"：

"这次的拼图你怎么拼得这么快，有什么秘诀吗？"

"这次考试你没有马虎出错，是怎么做到的？"

你觉得自己能考多少分呀？你认为什么内容最难？

这道题做错的原因是什么呢？接下来，我们不如就在这上面多花点儿时间做练习吧。

孩子也许一开始没有想这么多，或者他只是因为运气好而用对了方法。但经由家长的提问，孩子的大脑开始转动起来："我刚才先把和花有关的拼图色块都找出来了，原来这样拼速度更快。""这次考试我没有着急交卷，每道题都检查了，看来真管用！"孩子的这些表述都非常有价值，因为所有的反思都是他自己提炼出来的，而不是家长说教出来的，所以他会更愿意接受和再次运用相关技巧。久而久之，这样的思考就会内化为孩子自己的思维习惯和学习习惯，这将会让他们终身受益。

2．KWL 表格练习法

KWL 表格也是一种很好的方法，是美国教育学博士唐娜·奥格尔在1986年设计的元认知策略。"K"是 know，代表知道什么；"W"是 want，代表想知道什么；"L"是 learn，代表学到了什么。

我们应该如何利用 KWL 表格来帮助孩子提升元认知能力呢？比如，周末我们要带孩子参观自来水博物馆，出发之前可以打印一张表格，表格上设三列，分别是"已经知道""想要知道""已经学到"。

参观自来水博物馆 KWL 表格		
已经知道（know）	想要知道（want）	已经学到（learn）

参观之前，让孩子在便笺上写"已经知道"和"想要知道"等字样，贴在相应的位置上。

参观结束之后，我们可以和孩子进行讨论，把与"已经知道"和"想要知道"相对应的便笺放到"已经学到"的位置上，把孩子原来认为自己"已经知道"的便笺放到"想要知道"或者"已经学到"的位置上。经过参观、讨论和利用KWL表格进行归类，孩子能有针对性地参观学习，逛完博物馆之后，能及时地总结自己学到了什么，那些他原本以为自己知道的知识，其实还没有真正明白。

在KWL表格上来来回回地移动，其实是孩子在做识别练习："哪些是我真正会的？哪些是刚学会的？哪些我还没搞懂？"KWL表格可以帮助孩子组织学习前后的信息，激活孩子先前所学的知识，同时也可以让孩子主动监控自己的学习过程。家长们不妨一试。

3. 写日记

鼓励孩子坚持写日记，不失为一种提高元认知能力的好方法。写日记要求孩子回忆一天的生活和学习，但这种回顾不能是流水账，家长要鼓励孩子"小题大做"。

什么是"小题大做"呢？比如，孩子在楼下和小伙伴玩了一下午，他的日记可能只有一句话："今天我和几个小朋友一起挖土，后来人多了，我就带着大家玩老鹰捉小鸡，太好玩了！"这时，家长可以扮演放大镜的角色，让孩子注意到那些有价值却被忽略的信息。

"小朋友们都同意玩老鹰捉小鸡吗？你是怎么组织的啊？"

孩子想了想说："我先和几个认识的小朋友一起玩，后来其他人看到了也想玩，再后来，小鸡的队伍越来越长了。哦，后来有个阿姨说，小区里来来往往很多车子，我们的队伍太长了不安全，就让我们分成两组轮流玩了。"

家长的提问，引发了孩子的回忆。在回忆中，孩子不仅总结了他组织游戏的经验，还意识到了安全问题。日记其实是一种回忆和思考，坚持写日记，实际上就是在培养孩子的元认知思考习惯。当然，低龄的孩子不会写字，家长可以让孩子靠在自己身边，引导孩子讲日记，然后家长做记录。这样不仅可以培养孩子的元认知能力，还能增进家长与孩子之间的感情，一举两得。

最后，我要强调一下，生活中人与人的元认知能力是有很大差异的。

举个例子，一家公司同时招了两个新人，一个是"211""985"的名校毕业生，另一个只是普通学校毕业的学生。

一开始，大家对名校毕业生寄予厚望，但工作了一段时间之后，大家发现居然是普通学校毕业的学生更称职，这是为什么呢？

因为这名普通学校毕业的学生虽然没有名校的光环，但是他善于发现问题、总结经验、快速调整，所以他在工作中进步飞速。而名校毕业生总觉得自己没什么问题，很少采纳他人的建议。虽然名校的标签证明了他具备一定的能力，但是没有元认知的加持，他的人生实战之路会越走越艰难。

这个例子也提醒我们，作为家长，要在家庭教育中意识到元认知能力对孩子综合素质的重要影响。

脑科学育儿"三步走"

认识大脑

- 元认知能力是一个人对自身思维过程的认知和理解,是人类独有的高级认知功能,是提升数理能力和语言能力等学习能力的根本因素。
- 元认知这种高阶思维策略可以使大脑更灵活,思维更开放。诸多研究发现,元认知对人的学习的贡献甚至超越了单纯的智商所带来的影响。
- 元认知二分法认为,元认知包含元认知知识和元认知调节与监控两部分。

理解和尊重大脑

- 元认知知识包含不同的类型,如对自己能力的判断,对不同学习内容的难度的判断,对自身学习速度的判断,监控自身注意力的能力等。
- 越小的孩子,对自己能力的判断越容易出错,需要在成长中慢慢掌握元认知知识。
- 元认知调节和监控是更高级的技巧,即遇到学习任务时,需要对有效学习加以规划、监控和调节。
- 即使年龄很小的幼儿也已经具有一些不同层面的元认知知识,同时表现出了一定的元认知监控能力。

支持大脑

- 多与孩子聊天，用成年人的思维优势引导孩子对事物和问题进行思考。
- 利用 KWL 表格练习法。
- 鼓励孩子坚持写日记。

掌握练习的元认知

我们经常会听人强调学习要讲究方式方法,要高效地学习。但是,怎样才算高效呢?一些人以为高效学习就意味着要做不同种类的练习,而且练习的内容不能重复,还要不断挑战练习的难度。还有人认为,高效学习需要大量重复,比如很多家长让孩子反复背单词和古诗词,他们认为这样就能让孩子学起来更有效率。

实际上,上面这两种方法都不是高效学习,而是傻学。那么,怎样才是高效学习呢?

高效学习的本质

前面提到的第一种看法认为,想要成为高手,就需要不断提升练习难度。这种观点低估了练习基本功的重要性,属于一种囫囵吞枣式的傻学。

我想告诉大家的是，不管你想要掌握的是什么能力，重复练习基本功都是最重要的。作为一名认知科学家，我可以负责任地说，我没有见过不练习就有天才表现的人，天才优异表现的背后，都是用平时的勤奋刻苦换来的。

从脑科学层面来说，如果没有充分的练习，我们就不可能精通任何脑力活动。因为大脑的认知资源是有限的，只有那么点儿空间去思考事情，而大量的练习能够帮助大脑自动处理部分任务。只有这样，大脑才能释放更多的认知资源来处理有挑战性的新任务。

比如奥运赛场上，中国乒乓球运动员比赛时的每一个挥拍动作，其实已经在平时的训练中练习了成千上万遍。因为只有这样，在与顶级运动员对战的时候，不管对方技术多么刁钻，他们都能本能地对来球做出及时、合理的回应，才能把自己的注意力用在更需要大脑思考的策略上。同样的道理，其他任何复杂技能的掌握，包括文化知识的学习，背后都离不开大量练习。有研究也发现，练习能大大提高学生记忆新知识的效率。

前面提到的第二种观点则是纯粹利用机械记忆来反复背诵，比如对英语单词和古诗词的死记硬背。这样做，即便短时间内孩子能把知识背得滚瓜烂熟，但与真正的练习相去甚远。

不知你有没有见过有些家长炫耀自己孩子两三岁的时候就可以背诵《三字经》《唐诗三百首》？实际上，这种滚瓜烂熟的背诵只是机械性地重复记忆，孩子并没有真正理解这些知识的内涵，更谈不上学深、学透。

我反对的并非重复练习，而是家长要求甚至逼迫孩子机械地重复学习。真正的学习，不仅仅体现在孩子能把知识点精准地复述出来，还要看他能不能正确地迁移和应用知识。那么，正确迁移和应用知识的表现是什么？

比如背诵古诗词时，真正的学习效果体现在：孩子可以从中体会到诗词所描绘的意境；可以找到不同诗词之间的异同，并能总结出规律；可以把诗歌拆解组合成新的有意义的诗词，甚至根据自己的理解写出新的诗词；还可以在合适的场景下，回忆起符合这个场景的诗词，比如看到月亮会想起"海上生明月，天涯共此时"的诗句。

也就是说，不会迁移和应用的学习，就是机械练习。这不是我提倡的真正的练习。

练习的元认知：理解重复练习的重要性

真正高效的学习需要重复练习。这里说的练习，是实现复杂技能单个模块的自动化，而不是机械地重复。

结合前文谈到的元认知能力，我们在重复练习的过程中，要有意识地把握练习者的认知特点，对练习要有清晰的认识和理解，这样才能较好地控制及调节练习的方法。对孩子来说，练习的元认知能力就是他是否了解自己能力的高低和任务难度的匹配情况，是否清楚不同的学习内容要有相应的练习技巧等。如果孩子能掌握这样的能力，在练习时就可以事半功倍。

2016年发表在英国《实验心理学季刊》（*Quarterly Journal Of Experimental Psychology*）杂志上的一项由不同国家研究者联合完成的研究发现，一个5岁的孩子已经可以理解练习的重要性，他们会选择性地练习与未来相关的技能，并且会根据他人的练习量来预测技能水平的变化。有研究者为一群4～7岁的儿童展示了三种运动游戏，分别是游戏A、游戏B、游戏C，并告诉他们："你们先在这里玩5分钟游戏，时间结束后，老师要过来测试你们玩游戏 A 的能力，表现好可以拿贴纸！"

你能猜到这项研究的结果是什么吗？

对于 4 岁的孩子来说，研究者的这段话几乎没有什么影响，这 5 分钟里他们会根据自己的喜好选择游戏。研究者问他们什么是练习，4 岁的孩子也说不出所以然。但是，5 岁的孩子就会花更多的时间玩游戏 A。这说明，这个年龄的孩子开始有练习的概念了。而六七岁的孩子不但会有目的性地玩游戏 A，还会明确告诉研究者，他们知道这 5 分钟练习有助于提高自己后面的表现，玩游戏 A 就是为了提前练习。

这项研究告诉我们，从 5 岁开始，孩子就具备了一定练习的元认知能力，作为父母，我们可以适时地引导他们学习和掌握练习的技巧了。

脑科学育儿"三步走"

认识大脑

- 从脑科学上来说,没有充分的练习,我们就不可能精通任何脑力活动。大脑的认知资源有限,大量的练习,能够帮助大脑自动处理部分任务,大脑才能释放更多的认知资源来处理有挑战性的新任务。
- 练习能大大提高学生记忆新知识的效率。

理解和尊重大脑

- 真正的学习是孩子不光能精准地复述知识,还能正确地迁移和应用知识。
- 真正有效的练习,是对复杂技能单个模块的自动化,而不是机械地重复。

支持大脑

- 5岁的孩子已经可以理解练习的重要性,并且会选择性地练习与未来相关的技能,还会根据他人的练习量来预测技能水平的变化。家长可以适时地引导孩子学习和掌握练习的技巧。
- 有意识地把握人的认知特点,对练习要有清晰的认识和理解,能够较好地控制及调节练习的方法。

科学练习：拒绝枯燥的重复

这几年，国家出台"双减"政策，整顿中小学生课内外超负担的学习和超前培训。这意味着孩子们在学习上比拼的不再是谁学得多、学得早，而是谁的思维方式和学习习惯好，谁在单位时间内的学习效率高。

上一节我们讲到了练习的元认知，而提升学习效率，就需要孩子掌握练习的元认知，也就是要学会科学地练习。下面我就来介绍一些科学的练习方法。

1. 合理安排练习内容

习得某种技能的过程是非常复杂的，需要我们统筹全局，把复杂的技能分解为一个个单元模块来练习。孩子一开始在这方面的能力肯定是欠缺的，所以就需要我们帮助他认识到哪些模块花的时间多，哪些模块花的时间少，哪些模块需要重复练习等。

比如，孩子刚开始练习打乒乓球，肯定不知道自己和高手之间的差距在哪里。一个优秀的教练，会快速判断出学员的弱项主要是由哪些基本功不足导致的,他会根据学员的情况,把复杂的运动拆解成符合学员能力的简单动作,然后要求学员反复练习。

在家里,家长就是孩子最好的教练。在教孩子叠被子的时候,你要一步步地告诉孩子:"先展开,然后上下对齐,最后左右对齐。"

孩子练琴时,你要帮他分析:"曲子整体弹得不错,就是这个小节弹得还不太熟练,这是因为左手与右手共同弹奏的协调性不好。我们可以先把左手这一小节的弹奏练熟了,再练习右手弹奏,两只手都分别练好了,最后合起来练。"如果在日常生活中,你能和孩子一起拆解各种各样的任务,孩子就会逐渐明白,原来分模块练习是很有必要的,还能节省不少时间。

2. 灵活安排练习的时间

说起练习的时间,很多人会想当然地以为越多越好。比如,很多家长会要求孩子多花些时间背课文,认为这样才能背得滚瓜烂熟。

可是别忘了,好成绩并不完全是靠时间堆出来的。

艾宾浩斯遗忘曲线告诉我们,人脑遗忘的规律是先快后慢。不管你第一天用多少时间背诵古诗,只要不复习,第二天可能就忘掉 80%,之后遗忘速度减慢,两周以后就差不多全忘光了。所以,在学习总时间固定的前提下,我们要注重孩子复习的时间安排。

艾宾浩斯遗忘曲线

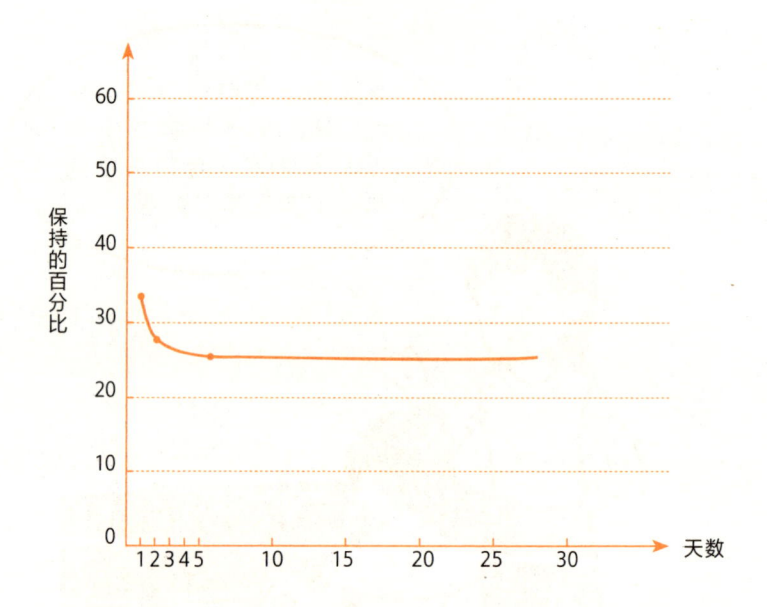

根据这个曲线,我们可以得出一个高效练习的方法,那就是间隔式练习。

2017 年美国一所大学和相关机构联合进行的一项研究发现,那些每周打 8～16 场比赛的人,成绩反而没有那些每周打 4～8 场比赛的人提高得多。原因就是训练不需要那么密集，稍微分散一下，隔一两天训练一次，效果反而更好。所以，我们带孩子练习踢足球的时候，与其一周只练一次，一次集中练一整天，不如每天都练习，一次踢半小时到一小时，这样会取得更好的效果。

当然，不同学习内容的最佳间隔时间是有差别的，如果时间总量确定，可以根据实际情况灵活调节。

3．选择合适的练习难度

我一直强调，父母要让孩子在"跳一跳够得着"的"最近发展区"练习，也就是说，练习的难度要适中。在简单的"舒适区"练习，孩子容易故步自封；在难度极高的"恐慌区"练习，孩子又容易畏缩不前。而在"最近发展区"练习，虽然对孩子来说有点儿难度，但是在正确的指导下，孩子还是可以跨越难关的。这样的练习才能鼓励孩子不断进步，并逐渐挑战其能力的上限。

很多家长会发现：孩子刚开始接触钢琴课、绘画课这些兴趣班时，会抱以很浓的兴趣，但是没过多久，上兴趣班就变成"玩儿票"，三天打鱼两天晒网，热情几乎丧失了。原因是什么呢？这是因为孩子刚进入某个新领域，如果缺乏良好的指引，就很容易一脚踏入"恐慌区"，从而丧失了继续学习的信心。所以，家长一定要帮助孩子调整练习难度，拆解目标，随着孩子水平的逐级提升，让孩子产生类似于游戏闯关般的快乐，这才是真正地把孩子领入门了。

4．及时有效地反馈

我们帮助孩子安排练习的内容、时间和方式，这样做的终极目标其实是让孩子自己掌握练习的元认知。

未来孩子无论学习什么，都需要靠自己去领悟学习内容的特征，思考相关的反馈信息，独立自主地完成学习。这种反馈不是家长给孩子的反馈，而是家长要教导孩子如何从枯燥的练习中，找到对自己有效的反馈。当然，一开始家长肯定要给予孩子一定的引导。

我发现，很多家长给予孩子的就是无效反馈，比如有的家长总是机械地夸孩子："你真棒！""做得好！""还需要努力！"这种模糊的、一般性的评价无法有效地引导孩子改进。

那么，什么是有效的反馈呢？

首先，要肯定孩子的进步，给予孩子积极的外部反馈。在孩子取得进步的时候，你要指出他在哪些地方取得进步了，他有哪些高光时刻。这样孩子就知道这种进步是有价值、有意义的，以后类似的进步就会被孩子自动标记为值得去努力获取的。

这种方法特别适用于练习的早期，因为很少有孩子会立刻喜欢上枯燥的基本功练习。所以，孩子在上第一堂课或者第一次练习时，我们一定要提供积极的反馈。

我女儿最开始学习打乒乓球时，连球拍都握不好，但是我总尝试着找到她值得表扬的方面，学钢琴的时候也是如此。手指练习的过程非常枯燥，我女儿就会比较厌烦。这时候，我最关心的是怎么维持她学习的兴趣，让她明白学习钢琴的意义。比如，我会给她看钢琴高手的练习方式和取得的成就。这种短时间内及时、正向的反馈非常重要，家长们一定要重视。

其次，我们还要把学习中有效的内部反馈教给孩子。很多孩子只是一味地练习，而不知道自己哪里进步了，哪里还有问题。我们要鼓励孩子经常观察自己能力的变化，让孩子发现自己的漏洞，这也是在培养孩子对学习进展的敏感性。

比如，孩子做作业时，被一道题困住了，我们可以和孩子一起反思："噢，原来上课时觉得已经听懂了但其实还没有真的学会。"我们还可以与孩子共同分析试卷上的错题，一起拆解错误的原因。倘若他们明白了学习的有效反馈就是练习、做测验，就能掌握这个检验自己是否学会的方法了。

又如，孩子练习跑步好多天了，但是速度始终没有提升，这时，他的情绪可能会非常消沉，开始失去练习的信心了。这就需要我们及时把孩子的进步告诉他："虽然你的速度没有提升，但是动作规范了，跑步的姿势也很协调，这就是你这段时间练习的进步，你正在为接下来的提速打基础。"

我们要知道，这种有效的内部反馈，很多时候仅凭孩子自己是很难察觉出来的。这种觉察能力也是练习的元认知的一部分，因此，我们的反馈可以帮助孩子慢慢拥有这样的觉察力。在孩子平时的学习中，家长还可以引导孩子把这些有效反馈的特点提炼出来，这将进一步提升孩子练习的元认知能力，让孩子主动进行科学的练习。

脑科学育儿"三步走"

认识大脑

- 艾宾浩斯遗忘曲线：人脑遗忘的规律是先快后慢。学习总时间固定的前提下，要注重安排好复习的时间。

理解和尊重大脑

- 习得某种技能需要把复杂的技能分解为一个个单元模块来练习。
- 间隔式学习的效果更好。
- 学习的最终目的是靠自己去领悟学习内容的特征，思考相关的反馈信息，独立自主地完成学习。

支持大脑

- 合理安排练习内容，家长就是孩子最好的教练。
- 灵活安排练习的时间，不同学习内容的最佳间隔时间有差别。
- 选择合适的练习难度，让孩子在"跳一跳够得着"的"最近发展区"练习。
- 及时有效地反馈，让孩子自己掌握练习的元认知。

压力训练真的有用吗？

回忆一下，你是否遇到或经历过以下三种情形？

第一种，挫折教育或抗压练习。比如，让孩子参加超出其身体负荷的拉练、军训等，或是故意给孩子制造困难，让其学会独自面对和承受失败。

第二种，孩子遇到困难时，由家长出面解决。例如，孩子在做作业的时候遇到了难题，正当他在思考时，家长将解题方法脱口而出。出去玩的时候，孩子和其他小朋友起冲突了，家长二话不说就去管教别人家的孩子。

第三种，孩子因为遭遇困难而情绪失控，想要放弃，家长不由分说就批评孩子不肯努力，做事缺乏毅力。这种情况在生活中屡见不鲜，比如孩子练琴的时候，试了几遍就是练不好，他就不愿意再练了。一旁的家长气不打一处来："没练好就接着练啊！你看你们班的××，人家每天要练三个多小时呢！你呢，刚练几遍就不愿意练了，真是吃不了苦，太没出息了！"

以上三种教育方法，真的能培养孩子的毅力、抗压能力，或者让孩子拥有其他积极的能力吗？我们来逐个分析一下。

💡 挫折教育对孩子真的有效吗？

不少家长喜欢对孩子进行挫折教育，对此我想说的是，挫折教育大概率会导致孩子缺乏自信，觉得自己什么都做不好，最终导致"习得性无助"。习得性无助是积极心理学创始人之一塞利格曼提出的一个概念：如果一个人总是失败，他就会习惯性地认为自己无论怎样努力都做不好，从而产生无助感和消极应对的行为。

孩子在成长过程中本来就会遇到很多挫折，这种情境下，家长需要换位思考，而不是再人为地给孩子制造困难。所以挫折教育是不可取的。

举例来说，积木倒了，对于成年人来说，根本不算多大的事情，可是对孩子来说，可能是一个重大的挫折，孩子也许会哭得特别伤心。又如，中学生被当众批评，家长、老师可能觉得这不算什么。"这算啥，我在工作中每天遇到各种冲突都能承受，你被批评几句就受不了了吗？"但是，我们不知道的是，这样的批评，对于自主意识萌发、自尊又敏感的青少年来说，就是天大的事。

在前面介绍元认知能力的时候，我强调过，元认知能力强的人，大脑更灵活，思维也更开放。他们善于在事前进行预测和谋划，也会及时对事件进行监控和修正，并对自己的行为做出正确的评价。然而，这种高阶的思维方法需要经过长期培养才能变成习惯。我们由此能够理解，为什么很多成年人经不起打击或无法接受失败。那么，我们又怎么能指望小小的孩子在面对挫折时淡定自若、不慌不忙呢？

所以，当孩子遇到挫折的时候，我们不能用自己判断挫折的标准去衡量这件事对孩子的打击程度。我们要学会换位思考，以儿童的视角去理解孩子。这时，我们才能发现，原来积木倒了带给孩子的挫折感不亚于辛苦工作了一年的我们在年终考评时得了一个差评；孩子被人当众批评时产生的耻辱感，和我们当众被领导羞辱时的感受没什么不同。

那么，家长该如何帮助孩子面对困难或者挫折呢？接下来，我们聊聊前面提到的第二种教育方式。

1. 孩子遇到困难时，家长要学会逐步放手

孩子无论遇到什么困难，家长都会替孩子解决，这就是第二种教育方式。这样做的父母以为自己是在帮助孩子、保护孩子，实际上是在剥夺孩子成长的机会。当孩子遇到需要独自解决的困难时，他就会像赤手空拳上战场的战士一样，因为毫无应敌之策而感到恐惧、无助，甚至还没开打自己就先退缩了。到那时，家长又会恨铁不成钢地埋怨孩子没出息，殊不知恰恰是自己让孩子变成了温室里的花朵，无法经受风吹雨打的洗礼。

因此，我建议家长要逐步放手。可以从生活琐事开始，管住自己的手和嘴，在孩子遇到问题或是习惯性地向你求助时，你要提醒自己，留出时间和空间，先让孩子自己去尝试。遇到不会做的题，可以鼓励孩子先自己开动脑筋，或者给出一点儿提示；孩子与别人起冲突了，就问孩子："你觉得这个情况应该怎么解决？"

人脑重要的学习机制之一就是在错误中学习，大大小小的挫折，对大脑来说都是错误信号，同时也都是学习信号。别再让自己的好心成为孩子成长路上的绊脚石，也别让将来的自己后悔："我怎么养出了这样的妈宝男、妈宝女！"

不过，我要提醒各位家长，放手不是从一个极端走向另一个极端，把孩子一下子推到完全孤立无援的境地，会造成孩子的过度恐慌。人的能力是逐步培养出来的，家长需要学会的是逐步放手。

2. 不要无故批评孩子

接下来，我们再来谈谈第三种教育方式。说心里话，我特别能理解很多家长的感受，劳累了一天，回到家还要陪伴孩子学习，结果孩子一遇到问题就想放弃，家长心里的怒火顿时就会迸发出来。有一位琴童家长曾告诉我："火一上来，我就忍不住开始教训孩子，一开始他听了只是不高兴，但迫于压力就继续练琴了。后来训多了，他就不怎么听了，给自己找各种借口，有时候还跟我顶嘴！"

面对这种情况，家长该怎么办呢？

首先，这种情况和孩子的自控力有关。孩子大脑中负责抑制情绪性反应的前额叶还没有发育完全，面对挫折时，成年人也许可以冷静下来，让自己集中精力思考如何应对，但对孩子来说就太难了。这也是为什么很多

孩子遇到挫折的第一反应就是发脾气、哭闹耍赖，动不动就说"我不干了"，其实是他们在发泄自己无法控制的负面情绪。

家长要明白的是，孩子面对困难和挫折时，自己已经很难过了。如果这时家长再劈头盖脸地训斥他，给他扣上"吃不了苦、没出息、不努力"的帽子，甚至拿他和其他孩子进行比较，无异于火上浇油，孩子的情绪爆发只会升级，甚至会故意和家长对着干。

所以，面对不冷静的孩子，家长先要冷静下来，提醒自己好好想一想，孩子为什么会发脾气，为什么想放弃，然后再从情感上让孩子感受到被理解。比如，我们可以说"这首曲子比之前难了，要是我练习的话，估计一时半会儿也练不好"。

其次，孩子遇到困难就放弃的情况还涉及内在动机和抗挫折能力之间的关系。平时你是否注意到，如果是孩子自己喜欢的、觉得好玩的事情，孩子就特别能坚持。比如，我的小女儿喜欢玩魔尺，经常会把魔尺拧出不同的、复杂的构型，甚至有些构型我都难以完成。在这个过程中，其实她也经常碰到一些问题，遇到某些构型不会拼，偶尔还会发点儿小脾气。可奇怪的是，她自己可以平复情绪，接着又开始尝试起来，直到她做好构型之后来向我炫耀，我当然会好好鼓励她一番。有时候，她还要我给她计时，让我欣赏她打破自己拧某个构型的纪录。在玩魔尺这件事情上，她有很强的动机，完全不怕挫折。

举这个例子是想告诉大家，人的自驱力来自内在动机。某件事情如果是孩子主动选择做的，即使没有任何外在的监督或奖励，孩子也会全身心投入这件事情中。所以，我们在观察孩子遇到困难的反应时，也可以想一想，这件事情是不是孩子的自主选择，或者思考一下，我们该怎样激发出孩子的内在动机。

激发孩子的内在动机

罗切斯特大学社会科学心理学教授德西在20世纪80年代提出了"自我决定理论",这是心理学动机领域中最有影响力的理论。这一理论认为:人类有三大基本的心理需要——自主感、胜任感、归属感,如果三者都被满足了,就会促进从外在动机向内在动机转化。反之,如果三种基本心理的需要得不到满足,尤其是自主感得不到满足的话,原有的内在动机也可能会转为外在动机。

外在动机就是外人给予的奖赏,比如孩子完成作业,家长奖给他的五元钱或者冰激凌。外在动机也包括在竞赛中取得名次,或者来自他人的赞赏。和这些外在动机对应的是内在动机,也就是孩子内生的兴趣。如果没有五元钱的奖励,孩子也喜欢或者愿意为之努力,这就是内在动机。很明显,家长们梦寐以求的就是孩子对他所做的事情——特别是学习有内在动机,这样他就会有很强的抗挫折能力,真正实现自主学习和探索。

如何激发孩子的内在动机是要讲究方法的,我们不能一味地利用外部奖励作为驱动力。还是以我女儿玩魔尺为例,如果她每次玩得好,我都奖励她五元钱,假设有一天,我不给她钱了,她立马就会不玩了。

同样的道理,如果孩子下象棋每次都能得奖,而且家长一直向孩子表达得奖就是学习的目标,那么,如果有一天孩子没得奖,这对他来说就可能是个特别沉重的打击,他甚至会因此放弃下象棋。因为长期以来,下棋已经成为他得奖的工具,而不再是他内在的兴趣了。有些家长经常会吐槽孩子的抗挫折能力差,其实背后的原因可能是家长没有让孩子产生内在动机,没有引导孩子完成从外在动机到内在动机的转化。

我们应该怎样帮助孩子把外在动机转变为内在动机呢?

我的建议是,多在自主感、胜任感上下功夫。比如,在孩子写作文这件事上，很多家长都会感到发愁。孩子往往抵触写作文，因为这件事不仅有难度，而且即使努力了也不一定能写好。那应该怎么解决呢？

首先，我们可以帮助孩子建立自主感。比如，让孩子自己选择作文题目，任意书写自己的所见所得，尽情抒发自己的所感所想。我们还可以让孩子自由选择作文的文体，比如写一个物品的说明书，写一则给爸爸妈妈的通知，给外地的好朋友写封信等。这些选择可以让孩子感受到"在作文这件事上，我可以做主"。自主感的建立能够减少孩子对写作的排斥。

其次，有了自主感之后，我们还要让孩子感受到"我的事情我能行"，也就是让他获得胜任感。我们可以这样鼓励孩子：

> "你今天的作文逻辑性很强，前因后果交代得很清楚。"
>
> "上周你还只能写三行，今天已经能写五行了，作文内容越来越丰富了！"
>
> "坚持写五天了，你真是个有毅力的孩子！"

得到了家长的肯定，孩子就会获得一种自我肯定："原来作文没那么难写啊！""老师说要多看学校推荐的书，作文里也可以借鉴。明天我再试试，一定能写得更好！"这种自我肯定会给孩子带来心态上的改变，从遇到问题觉得自己不行发展到能够自己想办法，内在动机就在不知不觉间萌发了。

脑科学育儿"三步走"

认识大脑

- 习得性无助：如果一个人总是失败，他就会习惯性地认为自己无论怎样努力都做不好，从而产生无助感和消极应对的行为。
- 自我决定理论：人类有三大基本的心理需要——自主感、胜任感、归属感，如果三者都被满足了，就会促进从外在动机向内在动机转化。反之，如果三种基本心理需要得不到满足，尤其是自主感得不到满足的话，原有的内在动机也可能会转为外在动机。
- 人脑重要的学习机制之一就是在错误中学习。

理解和尊重大脑

- 孩子成长的过程中本来就会遇到很多挫折。家长刻意进行挫折教育，很可能让孩子缺乏自信，最终导致"习得性无助"。
- 孩子遇到挫折的第一反应就是发脾气，哭闹耍赖，说"我不干了"，这其实是他在发泄自己无法控制的负面情绪。因为孩子大脑中负责情绪调节的前额叶没有发育完全，所以他遇到问题很难冷静下来。

> **支持大脑**
>
> 当孩子遇到挫折或问题时：
> - 家长不能用自己的标准去衡量对孩子的受打击程度，需要学会换位思考；
> - 家长要学会"逐步放手"；
> - 家长不要无故批评孩子；
> - 家长要合理地鼓励孩子，帮助孩子建立自主感、胜任感，激发孩子的内在动机。

"为什么车轮不是方的呀"
——允许孩子胡思乱想

创造是一件美好的事,很多家长都重视从小培养孩子的创造力。因此,市面上出现了很多类似"创意美术"或者"音乐启蒙"等与开发创造力有关的机构和课程。不过,我想告诉大家,如果我们把会画漂亮的画或者能演奏动听的乐曲等同于创造力,那就大错特错了。

让我们深入了解一下什么是创造力,以及如何培养孩子的创造力。

💡 创造力是一种思维方式和习惯

传统意义上所说的创造力,是个体创造新颖且具有价值的产品的能力,也就是说,"新颖"和"有价值"是评价创造力的两个基本标准。

根据这两个标准,我们来判断一下,下面两个人是否有创造力。

> A：爱因斯坦提出了相对论。你觉得爱因斯坦有创造力吗？
>
> B：孩子妈妈在收拾衣服，两岁的孩子在旁边吵着要玩足球。但是家里没有足球。这可怎么办呢？妈妈灵机一动，拿一双袜子卷成团当作足球。你觉得这个妈妈有创造力吗？

得出答案并不难，无论是爱因斯坦还是孩子妈妈都是有创造力的。尤其是孩子妈妈的这个举动，虽然看起来毫不起眼儿，但她用了一个并不常见的方法，解决了日常生活中的一个小问题，这也是一种创造力。

实际上，创造力的表现方式有很多种。心理学家考夫曼和罗纳德·巴格托提出了一个四层创造力模型，包括迷你创造力、日常创造性表达、专业创造力和杰出创造力，我们可以从字面意义上去理解这几个模型。按照四层创造力模型的理念，美术家和音乐家的创造力属于"专业创造力"，这种创造力仅在创造力模型中占很小的一部分。而且专业创造力能否迁移到其他领域是有待验证的。比如，一个人在绘画上的创造力能否使他的科学探索更有创新性呢？对此，目前还没有一个明确的结论。

回过头来反思一下，为什么我们一提到孩子的创造力，就容易联想到美术、音乐或手工之类的活动呢？其中的原因不外乎两点：一是商家的宣传；二是孩子的创造力绝大多数处于迷你创造力和日常创造性表达的范围，缺少一个可展示的成果。可是培养孩子创造力只是单纯地为了看到创造成果吗？显然不是！我相信，家长们期待的是孩子在日后的生活和工作中，总是能创造性地去解决问题。我们成年人在工作中经常会遇到两种人：一种人是遇到问题就用惯常的经验解决，而当经验不起作用时，他们就束手无策了；还有一种人，不管遇到什么问题，都能用新鲜的眼光去看待它，并能快速思考出几种解决方案，而且还总是会去尝试寻找更高效的方法。正如心理学家斯腾伯格所说：创造力是一种习惯和生活态度，有创造力的人经常以新鲜、新奇的方式回应问题，创造力不是随意无心的。

看到这里，有些家长可能会问："是不是只有聪明人，才能想出新方法，做出有创造力的事情呢？我的孩子智力普通，还会有创造力吗？"其实有研究证实，创造力和智商之间的关系并不是很紧密。也就是说，即使孩子的学业成绩不出众，但是他的创造力可能也不差。请大家记住，创造力主要指的是一种思维方式和思维习惯。

创造力的玄机

创造力对于大部分人而言是很神秘的。灵光一现、灵机一动之类的说法，给人一种创造力是偶然迸发出来，仿佛是从天而降的错觉。其实不然，创造力有它自身的产生规律。

从科学角度看，很多新创意其实来自人脑对旧知识进行的随机或者有意识的思考所带来的重新组合。在这个定义中，"有意识的思考""组合"比较好理解，而"随机"则显得有点儿令人费解。其实，很多信息的组合虽然看似奇怪，却是符合常理的，只是有时我们被已有的知识禁锢住了，意识也被压制住了而已。

比如，你是否想过，车辆的轮子并不一定是圆的，一个正方形的轮子是完全可行的。设想一下，方轮车子如果在平滑的平面上行进，它会有规律地上下起伏，这与我们常见的按摩椅部件其实是同样的原理，都是通过转动一个非圆形的物体形成起伏，以达到按摩的效果。

轮子和正方形，你之所以会感到这两个信息的组合很奇怪，是因为平时你的注意力系统被压制了，一旦注意力系统得到放松，这些新奇的组合进入意识中，刚好其中的信息又符合实际应用的需求，它们便成为"偶尔天成"的创意。这就是为什么当人比较放松（如洗澡）甚至觉醒水平低（如半睡半醒）的时候，脑海中会灵光乍现。

如果说随机组合所带来的创造力依靠运气，那么有意识的创造就依赖技巧和跳出框架的意愿了。苹果公司的创始人乔布斯也曾表达过类似的观点，创造就是把东西连接起来而已。

所谓创造力的玄机并不难理解，首先要有可用来组合的旧知识、旧信息。现在流行一个说法，认为教孩子学知识会扼杀他们的创造力，这完全是错误的。对于孩子而言，他们想要创新的动机远远超出我们成年人的想象。孩子有无穷的好奇心，面对任何东西都会全方位无死角地摆弄和探索。你可以尝试与孩子比一比，拿一个玩具，看看谁能玩出更多花样，我相信在这方面，孩子会很轻松地胜过你。

不容否认的是，孩子的创造力也存在一大难点，那就是他们的知识积累和个人经验不够丰富，可用来重新组合的创造素材相对较少。所以，学习不会扼杀孩子的创造力，"机械地向孩子灌输知识"才是扼杀创造力的罪魁祸首。

回想一下，我们给孩子灌输知识是不是已经成为一种习惯？只要孩子记住知识点，就算大功告成了？我对家长们的建议是最好改掉这一习惯。否则，久而久之，孩子就会养成只记忆不思考的坏习惯，这显然与创造性思维是相背的。所以，培养孩子创造力的一个重要基础，就是让孩子去尽情体验生活，丰富他们对世界的认知，充实他们来自真实生活的知识。

💡 培养孩子的创造性思维与习惯

孩子天生就有好奇心，他们会用新奇的眼光看世界，反倒是成年人容易被条条框框所束缚，并且会将这些束缚转移到孩子身上，限制他们的行为，阻碍他们的创造力。所以，我们要给予孩子好奇和探索的空间，在他们不厌其烦地问"为什么"时，不要去打击他们的积极性。

前文已经提及，创造力其实是一种思维方式。我们可以把创造性思维进一步分为发散思维、联想思维、反事实思维等。在平时的生活中，着重培养孩子的这些思维，可以有效提高孩子的创造力。

1. 培养孩子的发散思维

发散思维主要表现为，从不同角度思考同一问题，一次给出多种解决方案。这种跳出框架的思考，就是发散思维。

孩子小的时候经常会有一些天马行空的、独特的想法，他们比成年人更容易视觉化地想象出解决方案，有更多的发散思维，这一点与他们的执行功能中的自我控制功能较低有关。随着孩子年龄的增长，这类产生独特想法的能力会逐渐降低。那么，我们可以用什么方法来保护这种发散思维呢？首先，我们可以用游戏的方式鼓励孩子展开发散思维。比如，对于积木类玩具，我们可以鼓励孩子不按说明书去拼搭，而是按照自己的想法去设计。我们给孩子六块积木，看他能搭出多少种不同的形状，同时引导孩子说出每种形状所表达的意思。搭建不同形状是发散思维的表达，而让孩子搭建有意义的形状，就是回到了创造力的本质，即创造出有意义的新事物。

除此之外，家长平时在和孩子做手工时，也可以鼓励孩子用一种材料做出几种不同的作品，比如用一张白纸，可以折飞机、折小船、叠青蛙。

2. 培养孩子的联想思维

联想思维主要表现为把看上去好像毫无关系的物品放在一起，并找到它们之间的关系。比如，让孩子想象大象和飞机之间有哪些共同点。那么，这种行为与创造力有什么关系呢？

每个事物都有其内在属性。比如，大象的属性包括动物、大、重、力量大、哺乳动物、吃植物、群居、善良、聪明、大耳朵、长鼻子、低声交流等，飞机的属性包括人造物、大、重、力量大、飞行器、用油、飞得高、速度快、金属、大翅膀、无线电通信等。我们只有深刻了解事物的本质，才有可能把不同物体结合在一起，形成创新方案。

家长平时可以多和孩子做一些"找相同"的游戏，这会带领孩子更细致地观察事物，激发孩子的联想思维。

3. 培养孩子的反事实思维

反事实思维指的是一个人提出了与现实发生的事情不同的想象或假设。这种思维方式相当于大脑模拟了世界运行的另外一个版本。

举个例子，有一天，我女儿在听完《神笔马良》的故事后说："如果我有马良的神笔，我就能每天给自己画一个冰激凌了！"这个"如果……就能……"的思维方式，是大脑启动创新性想法的标准模式，也是反事实思维的标志。听完女儿的表达，我继续鼓励她说："是啊，如果你有神笔，除了冰激凌之外，你还想画什么？你会给你的好朋友们画点儿什么，给爸爸画点儿什么？"如果你平时也给予孩子这样的鼓励，那么他的大脑一定会开动想象的马达，带给你很多意料之外的答案。

此外，让孩子对故事情节进行开放式演绎，也是个不错的做法。比如，你在给孩子讲《小红帽》的故事时，可以引导孩子思考：

> 如果小红帽一眼就看出外婆是大灰狼扮的,她会怎么做?
> 如果最后没有猎人来帮忙,小红帽和外婆会怎么样呢?

这类想象力的练习,不仅有利于反事实思维的发展,对孩子的写作能力、故事创造能力也都大有裨益。

脑科学育儿"三步走"

认识大脑

- 很多新创意来自人脑对旧知识进行的随机或者有意识的思考所带来的重新组合。
- 四层创造力模型：迷你创造力、日常创造性表达、专业创造力和杰出创造力。
- 创造力是一种思维方式和习惯。创造力和智商之间的关系并不是很紧密。当人的注意系统放松的时候，新奇的组合就会进入意识中。如果刚好其中一些有实际应用的需求，它们便成为"偶尔天成"的创意。
- 创造性思维可以进一步分为发散思维、联想思维、反事实思维等。
- 孩子比成年人更容易产生发散思维，这一点和孩子执行功能中的抑制功能较低有关。
- "如果……就能……"的思维方式，是大脑启动创新性想法的标准模式，也是反事实思维的标志。

理解和尊重大脑

- 会画漂亮的画或者能演奏动听的乐曲，并不等同于创造力。孩子的创造力绝大多数处于迷你创造力和日常创造性表达的范围，缺少一个可展示的成果。

- 培养孩子的创造力不是单纯地为了看到创造成果，而是培养孩子有创造性地去解决问题的能力。
- "教孩子学知识会扼杀他们的创造力"，这种观点是完全错误的。学习不会扼杀孩子的创造力，"机械地向孩子灌输知识"才是扼杀创造力的罪魁祸首。

支持大脑

- 培养孩子的发散思维：做游戏、手工等，跳出框架去思考。
- 培养孩子的联想思维：玩"找相同"的游戏，把毫无关系的物品整合、联系在一起。
- 培养孩子的反事实思维："如果……就能……"，提出与现实发生的事情不同的想象或假设。

引导孩子成为终身学习者

我们培养孩子,不仅要着眼当下,更要放眼未来。我的看法是,如果只能赋予孩子一种特质,我会选择终身学习。实际上,终身学习才是人生长跑的利器,这一点是很多人没有意识到的。

家长要明白,孩子学习不仅仅是为了考上一所好大学,当他长大成人,独立于社会后,他将凭借什么驾驭自己的人生?只有来自他内在的学习动力,才能帮助他不断适应多变的社会环境。

因此,在育儿问题上,我们不必计较一时之得失,最重要的是让孩子拥有终身学习的能力和意识。在快速变革的时代,终身学习不再单纯是一种积极的人生态度,在知识飞速更新、社会协作不断重组的大趋势下,它已经成为每个人必备的生存能力。

那么,我们该怎样培养孩子终身学习的意识和能力呢?

💡 保护与激发孩子的好奇心

美国心理学家威廉·詹姆斯认为，好奇心是获取更好的认识的冲动。好奇心是孩子认识世界的动力，有好奇心，孩子才会孜孜不倦地探索未知。从婴幼儿时期开始，孩子好奇什么，他的大脑就会下意识地去留意什么。他有了困惑，就会去问父母和老师；长大后，他还会通过书籍和网络去搜集、验证自己掌握的信息。从好奇到信息采集，再到验证，这个认知的螺旋上升过程，就是科学家的研究路径。

所以，心理学家皮亚杰使用了"小科学家"一词来描述幼儿的学习方式。孩子感到好奇的关注点，一开始可能是零散的、具体的。比如，孩子拿着橡皮锤子四处敲打，连听带摸，他想知道各种物体的材质；等到孩子长大一些，他就会开始关心大而抽象的问题，如孩子会问家长："人为什么会死？太阳为什么一定要从东边升起？"这就是孩子获取知识的方式，就是这样一个由具象到抽象的发展过程。

那么，我们如何让孩子保持好奇心呢？

我的建议是，利用"因果偏好"去引导孩子。2020年发表在美国《心理学前沿》(*Frontiers in Psychology*)杂志上的一项研究发现，孩子更偏爱带有因果关系的信息。研究人员观察3～4岁孩子的阅读情况发现，相比只有描述性信息的书籍，孩子更偏爱有因果信息的书籍。这也不难理解，孩子大脑里种下的每一个问号，都会像钩子一样，吸引他去展开下一步的探索。

比如，同样是介绍天文知识的两本书，一本书分章节罗列太阳系各大行星的质量、轨道、运行周期，另一本书在开篇就提出问题："你知道为什么地球要围着太阳转吗？为什么离地球这么近的火星，一片荒芜，没有生命，和地球截然不同？"

你觉得哪本书更有吸引力？哪本书更能激发孩子的学习兴趣？答案肯

定是后者。这也是孩子经常会向我们大人提出"为什么"的原因。因为人类，包括儿童和成年人，都对因果关系有着天然的偏好，我们的大脑天生对一件事情的来龙去脉感兴趣，而对记住孤立的知识点并没有内在驱动力。

2014年，一项发表在神经科学顶级期刊《神经元》（*Neuron*）（美国）上的研究，深入了解了当好奇心被激发时，人们的大脑会发生什么变化。最后发现：当人们因好奇而急于找出答案时，他们会更擅长学习相关的内容。而且，好奇心一旦被激发，很多完全不相关的信息，人们也更愿意去接受。在好奇心状态下学到的知识更容易被记住。研究人员解释说："好奇心可能会让大脑处于一种允许它学习和保留任何类型信息的状态，就像一个旋涡，它会吸收你想要学习的东西以及周围的一切。"

对于上文的研究结果，你是否也充满了好奇？好奇心究竟对我们的大脑做了什么，能让人发生如此大的变化？下面我就给大家大致地解释一下。

一是当我们的好奇心被激发的时候，大脑中的奖励回路会更活跃。这意味着，在多巴胺的作用下，我们会得到更多正向刺激。比如，当你觉得"哇，真有意思"的时候，这种感觉会促使你去学习更多的东西。

二是当我们的好奇心被激发时，大脑中的海马体活动会增加，这意味着记东西的效果会更好。海马体是一个对形成新记忆很重要的大脑区域。不仅如此，奖励回路和海马体的活跃，也能增强它们之间的相互作用。如此一来，我们的大脑就会进入一个学习和记忆的巅峰状态，很多平时你没那么感兴趣的东西也更容易被吸收。

人类天生就有好奇心，但很多人在成年后好奇心就消失了，这是为什么呢？其中一个原因就是，好奇心在我们的成长过程中被压制了。

所以，作为父母，我们要珍惜孩子的好奇时刻，保护这个让他受益终身的感受。我们应该怎么做呢？

先说不该做什么。有的父母嫌麻烦，遇到孩子问"十万个为什么"，就一律回答"不知道"，这样的言传身教肯定是不可取的。还有些父母，只要孩子一提问，就迫不及待地把答案告诉孩子。这种方式看似让孩子获得了知识，满足了孩子的好奇心，其实并没有激活孩子的大脑，反而省略了他自己思考的过程，等于变相破坏了孩子学习的机会。

那么，怎么做才是恰当的呢？当孩子问我们问题的时候，如果你不知道问题的答案，千万不要说"我不知道"，你不妨说："这个我也不清楚，我们一起去找找答案吧。"

比如，有一次我和女儿在外面玩，她看到一只小狗在吃草，就问我："爸爸，狗为什么会吃草？"

其实我也是第一次见到狗吃草，对这种现象也很疑惑。于是，我略一思索，先肯定了她的提问："你很善于观察呀，爸爸刚才都没注意到那只小狗在吃草。"

然后我反问她："你觉得它为什么要吃草呢？"

女儿说："可能是骨头吃腻了，它想换换口味吧……或者它只是不小心吃了一口，恰好被我看见了。"

我说："很好，这是你的猜想，我们去网上搜搜答案。"

上网一查，我们了解到，狗吃草是为了营养均衡，促进排便，赶走体内的寄生虫。在这个过程中，女儿得到问题的答案不重要，重要的是她发现爸爸在乎的是她能敏锐观察、发现问题。同时，她还意识到，原来爸爸也不是什么都知道，但是爸爸不会不懂装懂，而是和她一样，一旦好奇就会去思考，去探寻答案。如此一来，孩子自然就知道保持好奇心的好处，而且也会愿意主动去探索。

保护孩子好奇心的关键在于，引导孩子在好奇时主动思考、探寻问题的答案。

除此之外，即使有的问题我们知道答案，也不必着急告诉孩子，而是通过反问，引导孩子多观察、多总结，让孩子自己做更深一步的思考。还是举上面狗吃草的例子，我们可以反问孩子："狗是素食动物吗？还有什么动物也吃草？吃东西一定是要获取能量吗？"我们可以让这些问题变得抽象一些，引导孩子展开进一步的探索。

💡 培养和提升孩子的自驱力

自驱力是我们能够终身学习的另一个必备条件。提及自驱力，就绕不开"自我决定论"这一理论，该理论用"自我决定指数"来衡量一个人在某件事上自我决定程度的高低。一个人的自我决定指数越高，他的内在动机就越强，他就越容易成为一个自我驱动的人。

相信很多家长都注意到了，上网课的时候，有自驱力的孩子，始终都能按部就班地学习；没有自驱力的孩子，学习不专注，有些甚至一边上网课一边打游戏。

远程教育是未来发展的一个趋势，它比常规教育需要更多的内在动力和自主性。因此在早期教育上，我们务必要重视培养孩子的内在动机。

2021年开始，我国教育部门发布的"双减"政策逐步实施，课外作业、考试都变少了，校外培训班也消失了，这些推动孩子前进的外在力量突然不见了踪影，所以，孩子要想获得好的发展，就更加需要自身的自驱力。"双减"对自驱型的孩子是个大大的利好，在内在动机的驱动下，孩子可以全身心投入自己喜欢的某件事情。

作为家长，与考试分数这类短期收益相比，我们更应该重视终身学习这类长期目标。

如何培养孩子的自驱力呢？

1. 让孩子充分发挥自己的主动性，激发孩子的内在动机

比如孩子喜欢跳舞、下棋，你可以与孩子一起讨论，共同确定学习的长期目标。我们还可以让孩子自己制订具体的学习计划，作为家长只在其中扮演辅助性的角色。

心理学上有个"生成效应"，说的是如果孩子想实现目标，就应该把它写下来。因为写下目标意味着动用两次"生成效应"：第一次，当孩子生成目标时，他的脑海中会创建一个心理图画，也就是目标的雏形；第二次，把目标写下来，相当于孩子精细处理了目标雏形，需要他对目标做进一步的思考。写下来变成书面文字，可以让孩子思考得更完善、更全面。这样做会让孩子的内在动机更强，更利于他们完成目标。

2. 努力找到能激发孩子内在动机的契机

激发孩子内在动机的方式有很多种。有的孩子受外界环境的影响大，渴望学习新事物，获得新技能，你只需要持续启发他，告诉他学习某个知识能解决什么问题，或者让他明白获取某项新技能的意义（如会写一手好字是多么重要）就行了。有的孩子更容易受到情感的影响，特别渴望得到他人的肯定，或者依赖集体归属感。小伙伴的羡慕、老师的表扬或者超越一般水平时的荣耀感，是这类孩子最在乎的感受。

在激发孩子最初的学习兴趣时，我们可以利用这样的外在动机。不过，家长要在后续的学习过程中，帮助孩子将外在动机转变为内在动机。我们可以多鼓励孩子，让孩子将内在动机和自己的进步产生关联，这一点对外在动机转变为内在动机非常重要。

对于缺乏内在动机的孩子，可以适当利用外在动机激发其学习兴趣，

但之后一定要帮助孩子把外在动机转变为内在动机。

3. 多给孩子"努力→挫折→再努力→进步并获得成就感和胜任感"的完整体验

另外,我要提醒家长的是,任何学习都需要付出长时间的努力,不要以为动机就是"永动机"。我们需要给孩子一个闭环体验,就是"努力→挫折→再努力→进步并获得成就感和胜任感"的完整体验,这样的体验越多越好。经过一段时间后,孩子学习的内在动机就会越来越强,他会逐渐明白"道路是曲折的,前途是光明的"这句话的深刻含义。

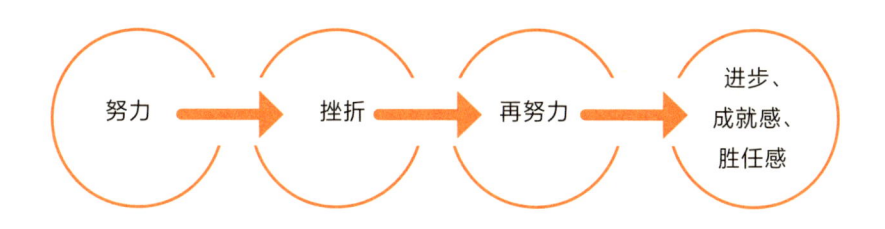

努力 → 挫折 → 再努力 → 进步、成就感、胜任感

💡 让孩子养成总结学习经验的好习惯

家长还要帮助孩子养成总结学习经验的好习惯。孩子在学习时,或许已经有了自己的学习方法,但他往往不擅长把方法变成方法论,这一点是家长可以从旁引导的。

比如,我女儿学习数学的时候,对单个章节,她有自己的想法,知道什么题该怎么做,同时,我会督促她对比和总结不同的章节,让她找出异同点。久而久之,她就会主动梳理知识结构了。在这样的学习环境下,孩子会慢慢成长为一个善于学习、擅长总结的终身学习者。

最后，值得注意的是，让孩子学习并不是为了攀比，而是要让他形成不断挑战自我的元认知。只要孩子努力了，家长就要给予肯定，哪怕他考试失利或者比赛垫底。我们要让孩子知道，努力过了，从中收获了经验，取得了进步才是最重要的。我们要记住，终身学习者的坐标系不是他人，而是自己。

脑科学育儿"三步走"

认识大脑

- 好奇心是获取更好的认识的冲动。
- 当人们因好奇而急于找出答案时,他们更擅长学习相关的内容。
- 人类天生就有好奇心,孩子则是天生的科学家。
- 当好奇心被激发时,大脑中的奖励回路会更活跃。这意味着,在多巴胺的作用下,我们会得到更多正向刺激,比如,当你觉得"哇,真有意思"的时候,这种感觉会促使你去学习更多的东西。
- 当好奇心被激发时,大脑中的海马体(一个对形成新记忆很重要的大脑区域)活动会增加,这意味着你记东西的效果会更好。
- 奖励回路和海马体的活跃,也能增强它们之间的相互作用。如此一来,我们的大脑就会进入一个学习和记忆的巅峰状态,很多平时你没那么感兴趣的东西也更容易被吸收。
- "生成效应":如果孩子想实现目标,就应该把它写下来。

理解和尊重大脑

- 家长需要珍惜并保护孩子的好奇时刻。
- 家长可以在最初激发孩子学习兴趣的时候利用外在动机,但后续一定要帮助孩子将外在动机转变为内在动机。比如多鼓励孩子，让他将内在动机和进步产生关联。
- 孩子在学习时可能有自己的方法，但是他并不擅长把方法变成方法论，家长可以从旁引导。
- 终身学习才是人生长跑的利器。和考试分数这类短期收益相比，家长应该更重视终身学习这类长期目标。
- 终身学习者的坐标系不是他人，而是自己。

支持大脑

- 保护并激发孩子的好奇心：利用人脑的"因果偏好"，用问题引导孩子多观察、多总结、多思考、多探索。
- 培养和提升孩子的自驱力：让孩子充分发挥自己的主动性，利用生成效应达成目标；找到激发孩子内在动机的契机，让孩子多体验"努力→挫折→再努力→进步并获得成就感和胜任感"的完整过程。
- 培养孩子总结学习经验的习惯。

Dr. 魏解惑课堂

"孩子不开窍，我心里很慌，我该怎么办？"

💡 **问题描述：**

> "听人说，孩子只要开窍了，学习就会好。但我家孩子现在都五年级了，还没有开窍，是不是说明他注定没办法搞好学习？"

💡 **魏老师回答：**

首先，我们来拆分一下"不开窍"这个说法。所谓"不开窍"，到底是家长认为孩子的学习成绩不好，还是家长觉得孩子对学习不上心，抑或是家长觉得孩子的学习方法不对呢？

针对孩子学习成绩不好的情况，我建议家长把这本书完整地读一读，里面讲到了不少关于学习方法的内容，应该能帮助到你和孩子。

针对孩子学习不上心的情况，我想展开来讲一讲。成年人总是觉得工作应该有大目标，这样才有意义，才有奋斗的动力。这个目标放在工作上，可以被定义为追求职场的晋升或是追求业绩达标。我们之所以设定这些目标，是因为以往的经历让我们知道，确立长远的大目标是重要的，这可以为我们的努力立下标靶。

于是，在教育孩子的时候，很多家长想当然地认为，孩子也应该把学习当作主要目标和生活的第一重心。可是，家长们没有想过，这个目标可能与孩子的想法不太一致。在孩子的世界里，学习是他生活的一部分，但他的生活中并不是只有学习，社交、游戏、运动等兴趣爱好，都是他丰富生活的重要组成部分。

如果你耐心地与孩子聊聊，就会发现孩子没有那么强的目标感。每隔一段时间，他们就会迷上一个事物，过了这段时间，注意力又转移到了其他事物上。比如，有的孩子最近关注的是他在学校里的人际关系，有的孩子关注的是打游戏，而有的孩子关注的可能是某部动画片。孩子短期的注意力焦点，经常会与学习的大目标冲突，这对孩子来说都是非常正常的。想想我们小时候，不也是这样吗？所以，我们有必要提醒自己应该理解孩子，要能够放下成年人的惯性思维，把自己还原成一个孩子，这就是对孩子最大的理解。

其次，我们再从大脑发展的角度来看一看。孩子的理性思考能力需要一个发展的过程，而自己设定长远目标，以及为之制订合理计划的能力，就是理性思考能力的组成部分。长远目标可能需要被拆分为近期、中期、长期目标，大目标也可能需要被拆分成多个小目标，按时间、优先级或逻辑顺序逐步完成。这样的理性思考能力，肯定超出了大多数孩子的能力，甚至一些成年人也未必具备这样的能力。所以，理解孩子的另一个方面，就是要明白孩子的大脑还在发育过程中，我们不能用成人的目标感和计划能力来要求孩子。这就是为什么我经常说，了解孩子大脑的发展过程，既能减轻父母不必要的焦虑，也能减少父母带给孩子的压力。

最后，针对第三种所谓的"不开窍"，也就是家长认为孩子没有掌握正确的学习方法，谈谈我的看法。我一向格外强调学习方法的重要性。平时，我在对待女儿的教育问题时，也是尽可能教给她合适的学习方法。不过，我并不期待她能够立刻学以致用，更不会理所当然地认为她能够跳出眼前的问题，把这个学习方法迁移、应用到其他问题上。家长尤其要明白一点，学习方法的掌握不是一蹴而就的。很多家长自己也了解所谓的"学霸"的学习方法，但是了解之后又怎么样了呢？家长们自己使用这些方法了吗？

实际上，从抽象的、正确的学习方法，到结合自身条件，尝试具体的学习实践，这中间还有很长的路要走，需要我们不断地去摸索、去调整。为什么呢？其背后的原因就在于，要提高"元学习"能力，也就是对学习能力本身的学习，需要一个比较长的时间。同时，孩子是否能理解、应用、举一反三，也和年龄、个体差异有着密切的关系。

在这一点上，我想和家长们说：请多给孩子一些耐心吧。

"我家孩子3岁就会背《唐诗三百首》"

💡 问题描述：

很多孩子在年幼的时候会背大量的古诗词，但上学之后反而忘记了。那么，是孩子的记忆力重要，还是专注力和创造力更重要呢？

💡 魏老师回答：

孩子小的时候，有很好的机械记忆能力。如果你的孩子能背出《唐诗三百首》，那说明他可能有着不错的记忆能力，但这并不意味着他智力超群。从这个角度来说，我一直很反对让孩子从小就以"记得多、背得快"作为学习目标。家长在乎这种没用的目标，只会给孩子留下一种错误的印象——爸爸妈妈最关注的是他的记忆能力。

学习的本质是对事物的理解，而不是背诵。如果孩子从小就认为，周围的人都希望他展现超强的记忆天赋，他就会把精力花在死记硬背上，这种方式不利于孩子的长期发展。

那么，记忆力就不重要了吗？也不是，记忆力是很多能力的基础。当今社会中，创造力已经成为一种越来越重要的能力。但是，如果没有记忆力，记不住东西，又怎么能在充分理解的基础上展开创造呢？我要提醒家长们注意的是，我们不能把孩子小时候利用机械记忆能力背下来的唐诗，当成孩子记忆力超群甚至是智力超群的证据。

整理错题本有意义吗？

💡 问题描述：

现在的孩子几乎人手一本错题本，这样做到底有没有用？

💡 魏老师回答：

总结错题是符合科学原理的学习方法。学习的时候，孩子总会天然地认为自己已经懂了，而错题本最大的意义就在于能够帮助孩子克服这种错误的知晓感——这道题我见过、做过，所以我就会做了。有时候，孩子做对题的原因仅仅是猜对了而已，这会妨碍他去真正理解相关知识点。

那么，什么时候孩子会知道自己没有懂呢？就是出现错题的时候。错题是给孩子的重要反馈，它是帮助孩子发现知识盲点、找到漏洞的机会。错题本上的总结可以告诉孩子：哪里是他粗心大意了，哪个知识点是他没有真正掌握的。

所以，我们可以定期让孩子去回顾、总结自己的错题，比如问问孩子有没有在错题中发现共性的错误，让他意识到，原来这些错误都源于自己对某个知识点的不理解。这里需要注意的是：错题本不是机械地记录错题，而是需要对错题进行总结、归类和反思。我们没必要非得要求孩子规整地去抄写错题，因为那样就成为一种没有意义的体罚了。

当然了，如果孩子没有太多的错题，或者是当他发现某类题经常错，进而能自觉地、有针对性地进行强化练习，那么，错题本对他的意义就没那么大了。而且，每个人都有适合自己的一套学习方法，有的人虽然没有错题本，但是有知识点的总结本。如果总结可以帮助他梳理知识，查漏补缺，那也是可以的。我们没必要一听别人说某个学习方法很重要，就强制要求孩子必须照着做，学习方法讲究的是合适，而非人云亦云。

04

尊重大脑，
帮孩子提升情绪能力、
自控能力及社交能力

> 我们似乎总想拥有一个完美孩子,他最好不哭不闹脾气好,活泼开朗受欢迎。
>
> 其实,哪有什么完美孩子呢?每个孩子都有自己独特的个性,吵闹也好,内向也罢,都是他个体生命力的表现。
>
> 孩子刚刚抵达这个世界,有太多规则需要去探索。
>
> 我们可以尝试接纳孩子的不完美,看见他的脆弱,感受他的能量,陪他一起开始属于他的生命之旅。

孩子无理哭闹，
情绪背后的需求你看见了吗？

经常有家长向我哭诉，孩子会无缘无故哭闹、大发脾气，大人绞尽脑汁想办法应对也无济于事。确实，孩子哭闹起来太让人头疼！研究表明，孩子的哭声会激发成年人一系列的生理反应，包括心率加快、血压飙升和皮电反应等，而家长的坏情绪又会反过来影响孩子。就这样，家长觉得孩子是在无理取闹，孩子又感觉自己得不到理解，如此这般，整个家庭就会陷入恶性循环，亲子关系也随之越来越差。

心理学上有一个冰山理论，认为我们的行为和情绪如同一座冰山浮出水面的那部分，大家都看得到；而我们内心的真实需求，则被隐藏在水面以下，很少有人能觉察到。面对孩子时，大部分家长都只能看到水面上的那部分冰山，知道孩子闹情绪了，知道孩子的行为有问题，但并不了解孩子的真实需求，更不知道应该如何应对。

下面我就带你来了解一下孩子哭闹的四种不同类型及其背后的原因，以及相应的处理方法。

1. 饿、困、累引发的生理性哭闹

对于幼龄儿童的哭闹，我们首先就要看是不是生理问题引起的：饿了？困了？累了？或者哪里不舒服了？

研究者布拉德·布什曼将饥饿"hungry"和愤怒"angry"合在一起，组成了一个新词"hangry"，我们可以理解为"饿气"。除了饿气，还有我们熟知的起床气，也就是没睡好导致看什么都不顺眼。另外，有的时候，孩子明明很困了，但就是不肯睡，眼皮都抬不起来了，还要强撑着玩，玩到某个极限点，实在撑不住了，也会哭哭唧唧闹情绪。

这些生理性哭闹，主要是孩子大脑发育不完善导致的。一是受限于认知灵活性，孩子很难从一种状态切换到另一种状态；二是孩子无法有意识地控制自己的情感和行为。面对孩子的这种生理性哭闹，家长一定要保持耐心，给予理解。

我们可以试着通过与孩子沟通，找到孩子闹情绪的具体原因，从而做出有针对性的安抚举动，比如问他："要不要吃点儿东西？""我们休息一下好不好？""每天中午这个时间你都睡觉，现在肯定困了。上车了睡一会儿吧？"经过一段时间的摸索，你就会发现，解决了这些生理问题，孩子的哭闹就不再是一个大难题。

当孩子成长到 5 岁左右，他大脑的执行功能和认知灵活性都会有明显提升。6 岁之后，这种因生理问题引发的哭闹就会明显减少。不过，我想告诉大家的是，成年人也会有这种生理状态激发的情绪问题，你仔细回想一下，是不是在饥饿状态下更容易不耐烦？在劳累的情况下更容易发火？

2. 分离引发的焦虑型哭闹

家长们应该经常听到"分离焦虑"这个词吧？它让很多父母头疼不已。其实，分离焦虑并不是一件坏事，它是孩子大脑发育到一定阶段的表现。一般情况下，孩子在九个月前后开始产生强烈的分离焦虑，当妈妈离

开时，就会哭闹不安；如果超过九个月，妈妈离开身边时，孩子表现出一脸冷漠，家长就要认真思考一下，是不是陪伴孩子的方式出了问题。

要解决分离焦虑的问题，我们需要帮助孩子建立一个概念——客体恒常性。很多研究发现，客体恒常性是孩子在两岁左右才能完全获得的一种认知能力，在完全具备这种认知之前，孩子会觉得他看不见、摸不着或无法感知到的东西就是消失了。所以，妈妈上班去了，孩子就会哭得撕心裂肺，在他的认知中，妈妈再也不回来了。

著名的发展心理学家皮亚杰认为，玩"躲猫猫"这样的游戏能让孩子明白客体恒存的道理，从而缓解他们的分离焦虑。相比真正的分离，"躲猫猫"游戏更容易被孩子接受，同时又能给孩子带来短暂分离的刺激。所以，有研究者称"躲猫猫"是"建立在安全基础上的强烈刺激"。"躲猫猫"是孩子童年时期玩得比较久的一种游戏，孩童时代的每个年龄段，他们都能乐此不疲地不断玩出新花样。这种游戏对孩子的心智发展很有帮助，家长可以经常和孩子一起玩。

妈妈不见了，妈妈再也不会回来了。

3．害怕引发的逃避型哭闹

我们身边都有这样的孩子，他们害怕上台表演、害怕当众说话、害怕和陌生的小朋友一起玩、害怕打针，等等。其实，这是人类在面对威胁或压力等应激状态下，身体做出的或战或逃的本能反应。就像武松打虎，武松借着酒劲，做出了"战"的反应，赤手空拳打死了猛虎，而一般人遇到这种情况则会选择逃跑。遇到威胁时，我们的大脑会做出一个快速预判，"打不过就跑"是一种自我保护，并不是坏事。

当孩子产生害怕的情绪时，我们要试着去接纳这种本能情绪反应。有些家长认为越是这个时候，越要培养孩子的抗挫折能力，但是，这种逼迫孩子的方式可能会适得其反。我想提醒各位家长，千万不要低估了孩子害怕的情绪力量，你觉得是鸡毛蒜皮的小事，给孩子带来的或许是重如泰山的压力。

实际上，孩子上台前的种种哭闹及退缩行为，是避免失败的自我保护机制在起作用。作为父母，我们可以提前带孩子熟悉一下周围的环境，告诉他害怕、紧张是正常的情绪反应。我们还可以告诉孩子，适当的紧张会让人兴奋，他的表演反而会更有感染力。不过，如果孩子真的还没做好准备，千万不要强迫他上台，否则会加重他的害怕情绪。

曾经有一位家长和我说过，他家孩子上小学一年级时，班主任请大家报名班会课的演讲，轮流分享自己最近正在做的事情，或者与大家交流自己感兴趣的事物。结果，直到学期结束，他家孩子都没有报名，尽管这位家长多次鼓励孩子要勇敢，但孩子死活不愿意，甚至还哭闹了很久。

我当时给了这位家长两个建议：一是不要再和孩子提报名的事情，孩子不报名就说明他还没有准备好，害怕自己讲不好，再三催促只会起负面作用；二是日常聊天的时候，要学会给孩子解压。比如，当孩子提到他们班级某位同学演讲时忘词了，可以这样回应："我估计这位同学是太紧张了，害怕说错才忘词的，妈妈小时候也有过这样的经历。不过他这么紧张，还能勇敢地上台，不管讲成什么样都很了不起，咱们应该给他鼓鼓掌！"

这位家长采纳了我的建议。二年级开学时，让人意外的事情发生了，孩子迫不及待地去找老师报名演讲。所以，面对这种逃避型哭闹，我们要给孩子留出适应压力、积蓄能量的时间。

4. 由得不到引发的撒泼型哭闹

因为需求得不到满足，孩子哭闹不止，甚至撒泼打滚，这样的情况家长们一定都经历过。比如，孩子争抢其他小朋友的玩具，如果你加以阻止，他可能会抓你、打你。如果睡前不给孩子讲故事，他可能会大发一顿脾气。很多家长不理解，平时还算懂事的孩子，怎么一下子变成不可理喻的"小怪兽"了呢？

个体心理学创始人阿德勒认为，愤怒是一种让别人屈服的手段。孩子想要，大人不给，他就会为了达到目的发脾气给大人看。也就是说，孩子的目的是通过哭闹来满足自己的需要。

从脑科学的角度看，负责抑制功能的大脑额叶，需要个体成长到20多岁才能完全发育成熟，所以，孩子很难抑制自己不恰当的冲动，却又很容易被自己的底层需求所控制。当然了，还存在另外一种情况，那就是孩子的这种哭闹是他自己设计的计谋，这在很多被宠坏的孩子身上表现得更为明显。

面对这样的情况，我们该怎么办呢？

对于第一种情况，就是孩子偶尔抑制不了自己的行为，我的建议是家长可以先带孩子离开引起他哭闹的环境。比如，孩子看见玩具，试图利用哭闹来要挟你给他买，这时你可以带他迅速离开商店，离开刺激他情绪反应的环境，留出与孩子沟通讲道理的机会。我发现很多家长会碍于面子而答应孩子的要求，这样只能促使孩子养成哭闹的坏习惯。

对于第二种情况，就是孩子已经把哭闹作为满足自己需求的手段了，我的建议是,家长一定要反复地教孩子用语言表达出自己的需求。比如,等孩子情绪稳定后,要和他讲清楚:"你哭闹的时候,我根本听不清楚你在说什么,而且听到你哭闹,我的心情也很不好。下次如果你想要什么东西,可以和我说清楚理由,我想一下是不是可以买,但如果你再哭闹的话,我们就肯定不买了。"你要让孩子明白,需要用语言来和家长沟通,而不是用哭闹来威胁家长。

最后有个小提醒,旧习惯的打破、新习惯的养成都是需要时间的,记得对孩子保持耐心。

> 如果你想要买玩具,可以和妈妈好好商量能不能买。你哭闹的时候,我听不清楚你在说什么。你下一次再哭闹,妈妈就不会给你买了。

脑科学育儿"三步走"

孩子哭闹的不同类型	认识、理解和尊重大脑（哭闹的原因）	支持大脑（哭闹的应对方法）
饿、困、累引发的生理性哭闹	主要是孩子大脑发育不完善导致的，由于年龄小，孩子无法快速切换状态，无法有意识地控制自己的情感和行为。 5岁左右，孩子大脑的执行功能、认知灵活性会有一个明显提升，6岁之后因生理问题引发的哭闹会明显减少。	通过与孩子沟通，找到孩子闹情绪的具体原因，从而给孩子有针对性的建议。
分离引发的焦虑型哭闹	分离焦虑是孩子大脑发育到一定阶段的表现。一般情况下，孩子在九个月前后开始产生强烈的分离焦虑，当妈妈离开时，就会哭闹不安。 客体恒常性是孩子在两岁左右才能完全获得的一种认知能力。在完全具备这种认知之前，孩子会觉得他看不见、摸不着或无法感知到的东西就是消失了。	和孩子玩"躲猫猫"游戏，逐渐引导孩子明白客体恒常性的道理。
害怕引发的逃避型哭闹	孩子表现出来的各种害怕的行为，是人类的大脑在面对威胁或压力等应激状态下，身体做出的或战或逃的本能反应。	接纳孩子害怕的情绪，给孩子留出适应压力、积蓄能量的时间。

续表

孩子哭闹的 不同类型	认识、理解和尊重大脑 （哭闹的原因）	支持大脑 （哭闹的应对方法）
由得不到引发的撒泼型哭闹	负责抑制功能的大脑额叶，需要个体成长到 20 多岁才能完全发育成熟，所以孩子很难抑制自己不恰当的冲动，却很容易被自己的底层需求控制。	孩子由于控制不住自己的冲动而导致的哭闹，家长可以先带孩子远离刺激他情绪的环境，再进行沟通。 孩子故意哭闹以达到自己的目的，家长要反复教孩子用语言表达需求，而不能用哭闹来威胁家长。调整行为习惯需要时间，家长要留有耐心。

理解情绪，引导孩子做情绪的主人

面对同一件事，有的孩子能详细描述自己情绪状态及转变的过程，有的孩子却说得很模糊，这是为什么呢？你可能会认为是有的孩子表达能力好，说话有条理。其实不仅如此，这还与孩子的"情绪粒度"存在差异有关。

情绪粒度是由美国心理学会主席莉莎·费德曼·巴瑞特提出的，她认为情绪粒度是一种比其他人构建更细致的情绪体验的能力。情绪粒度高的人，不仅能用丰富的词汇描述自己的情绪，也更容易感知他人的情绪。这意味着他具备更好的情绪调控能力和社交能力，所以受到外界伤害的可能性也很小。

莉莎的原话是这样的："情绪粒度不仅仅是拥有丰富的词汇，它能让你更准确地体验世界，感知你自己。这可以改变你的生活。"很多人的情绪体验或者情绪表达，常常与客观事实不相匹配，有时过度，有时欠缺。一个情绪粒度高的人则可以恰当地去应对客观情况。

我们可以通过几种方法帮助孩子正确地认识情绪。

1. 给情绪命名

这是提升孩子情绪粒度的有效方法。我们需要指导孩子给情绪命名，并引导他们说出内在的感受。如同告诉孩子辨别"这是苹果，那是楼房"一样，我们也要告诉孩子"你生气了，他很孤独"。孩子知道了自己的情绪"是什么"，才能去想"怎么办"。

我经常会和女儿们玩一种叫作"情绪脸"的游戏。我们一起制作情绪脸谱，笑脸是眉眼弯弯、嘴角上扬，哭脸是眼角挂泪、嘴角下垂，愤怒是皱眉龇牙、头顶冒火，等等。她们会把制作的情绪脸谱当成手工作品，在欣赏自己作品的同时，就逐渐明白不同情绪下五官的变化了。

通常，我们还会一边制作一边讨论："今天你的主情绪是什么？"其实就是换一种方法问孩子"今天你在幼儿园过得怎么样"。通过询问主情绪的方式，可以帮助孩子总结、提炼自己的感受，也能避免碰触孩子不想说的部分。

做好"情绪脸"后，我们全家会轮流选出对应自己当日主情绪的表情脸。比如，妈妈选的是开心，就要分享当天最令她开心的事；孩子选的是愤怒，就要跟大家说说什么事情令她感到生气。如此一来，孩子就能把具体的事件跟情绪对应起来，从了解自己和家人的情绪开始，进而去识别、解释和预测他人的情绪，这对提升孩子的情绪认知，培养适应社会的能力特别重要。同时，孩子也能通过这个小游戏感受到家庭的温暖。开心时，大家一起开心；烦恼时，大家一起想主意，这样的家庭氛围才有利于孩子的成长。

需要注意的是，当孩子说出他的悲伤、焦虑或愤怒等负面情绪时，家长不要马上去纠正或说教，这样会让孩子觉得他的情绪是错误的，以后就不愿意分享了。家长可以试着以感同身受的语气说"是啊，这听起来太让人兴奋了"或者"你看起来确实很失望"。努力成为理解孩子情绪的父母，孩子才愿意敞开心扉。

2．利用"情绪温度计"，让孩子描述和评估自己的情绪

描述和评估情绪，需要孩子有意识地关注自己或他人的感受。我给大家推荐一个好玩的游戏——"情绪温度计"。基本玩法是：让孩子对他的情绪强度按照从 1 到 10 的标准进行排序，1 表示平静，10 表示愤怒，在日常生活中，可以运用"情绪温度计"来让孩子切身体会不同情绪的程度差异。

举个例子，当你带孩子去图书馆借书时，突然想起来借书证放在家中另外一个书包里，这时候你就可以跟孩子说："坏了，我忘带借书证了，刚才出门前应该检查一下，真郁闷，好后悔啊！"

我发现很多人遇到类似的事情，只会描述出事实，而不懂得如何描述自己的感受。其实，一句"好后悔啊"，孩子就能感受到家长此时的感受："哦，原来忘记做一件重要的事情，这种感觉就叫后悔。"

接着，我们可以借此机会和孩子继续讨论自己的感受："看我的表情和语气，你觉得我现在的情绪是多少度？"孩子可能会说："4 度吧，我觉得你没有我昨天生气，昨天我跑步摔倒的时候，哭了好久，情绪肯定有 10 度了！"这个方法可以让孩子有意识地去觉察情绪，正是这种主动觉察，可以让他成为情绪的主人而不是奴隶。

在描述和评估感受之后，我们还可以为孩子示范调节情绪的方法。比如，你可以说："哎，现在后悔也没用，深呼吸，冷静一下，我得想想还能怎么办。"你还可以鼓励孩子一起想办法，让孩子多出出主意。这样不仅能让孩子看到你是怎么处理情绪的，还会学习你是如何放下情绪，集中精力解决问题的。

家长在平时工作之余，可以带领孩子发挥想象，制作这样一个"情绪温度计"。对于喜欢视觉辅助工具的孩子来说，一个看得见摸得着的"情绪温度计"会更直观。有了这个工具，孩子在情绪大波浪变得势不可当之前，就可以准确地描述情绪，而一旦孩子开始描述和评估他的情绪，理智

就会占据上风,就不会被情绪牵着鼻子走了。

3. 通过阅读扩展情绪感知

对于一些复杂的情绪,比如嫉妒、羞耻、骄傲等,上述方法可能效果不大,这时就需要我们去丰富孩子的情绪粒度了。我教给大家一个方法,那就是在阅读中拓展孩子的情绪体验。

研究发现,书籍中的上下文信息,能给孩子提供很多情绪线索,有助于孩子理解复杂情感。曾经有家长跟我说起这样一件事,自从她家生了二胎,大女儿很长一段时间都闷闷不乐,家人怎么安抚都没有用。

有一天,这位妈妈陪大女儿读到一个小女孩离家出走的故事,她一下子大哭起来。原来孩子是被书中女孩的经历触动了,她发现自己跟书中的女孩一样,自从有了妹妹就变得很孤独。那天她哭着说:"你们都在陪妹妹,我经常自己一个人,我也很想离开这个家。"

爸爸妈妈只喜欢妹妹,只陪伴妹妹,不陪我。

作为同样有两个女儿的家长，我十分理解这个孩子的感受。尤其是妹妹刚出生的时候，大人的精力都集中在刚出生的孩子身上，亲戚朋友来探望也都是围着妹妹转，姐姐难免会失落、孤单，甚至会嫉妒。孩子很难受，但又说不清这是一种什么感觉，而通过阅读，孩子会发现，书中人物跟自己的处境一样，心情也一样。于是孩子便找到了共鸣，心中积压的情绪瞬间爆发出来，这对孩子来说是一种宣泄，也是一种成长。

上面这位家长的孩子在读到小女孩离家出走时，她的大脑会同步提取出已有的认知信息，让二者交互匹配，从而形成某种心理体验。在这种体验与对照中，孩子认知的边界就会被慢慢拓展。经常和孩子一起进行亲子阅读的家长应该深有体会，孩子特别容易融入故事情节中，有时候甚至会把自己想象成故事中的一员，这种代入感能让孩子对故事中人物的情绪感同身受。

当我们与孩子一起阅读的时候，可以有意识地关注故事发展的情感线，因为好的文学作品都是以情感推动故事情节。你可以问孩子一些问题，比如："你觉得她当时是什么心情？""你觉得她这么难受，会做出什么事？""你觉得她做些什么能高兴一点儿？"这些问题不仅能帮助孩子拓展情绪，还能提升他的阅读理解能力。阅读本质上是一个感知、感受、感悟的过程，如果孩子能抓住情感线，体察书中人物的情感，那么，他的阅读理解和写作能力都能得到有效提升。

脑科学育儿"三步走"

认识大脑

- 情绪粒度是一种比其他人构建更细致的情绪体验的能力。情绪粒度高的人,具备更好的情绪调控能力和社交能力,受到外界伤害的可能性也很小。

理解和尊重大脑

- 我们可以通过几种方法帮助孩子正确地认识情绪,提升孩子的情绪粒度,教孩子恰当地应对自身和他人的情绪。

支持大脑

- **给情绪命名**:帮助孩子识别情绪,特别注意不要否定孩子的负面情绪。
- **利用"情绪温度计",让孩子描述和评估自己的情绪**:把情绪强度按照从1到10的标准进行排序,让孩子主动觉察情绪的不同程度,向孩子示范调节情绪的方法。
- **通过阅读扩展情绪感知**:丰富孩子的情绪体验,帮助孩子理解复杂情绪。

孩子管不住自己怎么办？

我主讲过各种讲座，经常会遇到一些家长抱怨自己的孩子自控力差、任性、管不住自己。想要改善孩子的自控力问题，我们首先需要了解"自控力"这个词到底意味着什么。简单来说，我们把抵御得了冲动，控制得住情绪，生活自律，做事有规划、有效率的人称为有自控力的人。其实不仅仅是孩子，成年人也都希望提升自己的自控力。因为我们通常认为，自控力强的人相对而言更容易获得成功。

孩子缺乏自控力的表现

研究发现，儿童时期自控力强的人，中年时老得更慢，走路带风还更显年轻。字节跳动创始人张一鸣谈到自己的成功秘诀时说："很多人人生中一半的问题都是这个原因造成的——没有延迟满足感。"

实际上，绝大多数的孩子都缺乏自控力，家长们可以对照一下孩子是否有以下几种表现：

> 第一，做事情不专心，没有耐心，容易冲动或放弃。
> 第二，情绪容易失控，在公共场合会兴奋得大喊大叫，或者当众撒泼打滚。
> 第三，经常做出一些不恰当的事情，无法约束自己。
> 第四，明明已经吃撑了，看到好吃的还要吃；明明已经困得不行了，看到好玩的还要玩，玩到累才睡。

孩子的自控力为什么这么差？

我们所说的自控力，其实是执行功能的一部分。什么是执行功能呢？它是一种十分重要的大脑高级功能，其作用如同指挥中枢，帮助我们协调控制大脑中的多个认知加工过程，以达成目标。

执行功能可以帮助我们控制冲动，抑制分心，规划和组织信息。但是，掌管我们执行功能的大脑脑区——前额叶，恰好是大脑中最晚成熟的脑区，一般到20多岁，这个区域才发育成熟，而且每个人最终的发育水平也存在一定差异。

孩子自控力差的原因，无外乎三个方面：

> 一是控制冲动能力弱，容易情绪失控；
>
> 二是抑制分心能力弱，易受干扰，很难专心；
>
> 三是难以做长远规划，不会拆解任务，也不会设定任务优先级，做事情经常丢三落四。

所以，对成年人来说轻而易举能办到的事情，或者能控制住不去做的事情，对孩子来说就会很难完成。研究发现，当孩子和大人需要抑制同样的冲动时，孩子需要比大人激活更多脑区。也就是说，孩子要动用更多脑力去抑制冲动。

现在你应该明白，要求一个孩子具有很强的自控力是不太现实的。有时候，我们觉得孩子的行为简直不可理喻，像是故意在跟我们作对，其实这不是孩子在无理取闹，而是他真的无法控制自己的行为。所以，家长们不要轻易去惩罚自控力差的孩子，因为惩罚不仅会让他错失一次提高自控力的机会，还会让孩子的大脑产生有毒的压力反应，自控力就更难得到提高了。

如何培养孩子的自控力

让孩子拥有自控力的确不容易，不过，自控力就像我们的肌肉，是可以加以锻炼的。

3～5岁是孩子执行功能急剧增长的时期，这个时期我们更要注重孩子自控力的培养。如果等到孩子的自我意识变强，青春期逆反心理出现了，这个时候再开始培养自控力就会更困难。

1. 利用外部策略帮助孩子冷却冲动

很多家长应该听说过"棉花糖实验"。实验过程是这样的：斯坦福大学的研究者在一群学龄前儿童面前放一块棉花糖，叫他们尽量控制自己不去吃。如果孩子能够坚持15分钟不吃，实验结束之后他就能多吃一块棉花糖。结果发现，三分之一的孩子能抵抗住诱惑，这些孩子长大后也都比较成功。

这些孩子为什么就能抵抗得住诱惑呢？是因为他们自控力的发育超前吗？其实不然，他们只是比别的孩子更会使用一些外部策略。比如，用蒙眼、玩手指、装睡等方法来帮助自己延长等待的时间，暂时不去关注棉花糖。

所以，我们也可以经常使用一些外部策略来帮助孩子冷却冲动。

对于低龄儿童，我们可以转移其注意力。比如，当孩子情绪激动时，可以引导他做别的事情。当大龄儿童出现负面情绪时，可以引导他们先深呼吸，然后慢慢思考接下来该怎样做。

有一种方法叫作"Time out"，中文译为暂停管教法，这一方法在国外非常流行。假如家长发现孩子做了错事，在孩子情绪失控时可以让他到"冷静角"独处，平静一段时间。但是，很多家长容易混淆"暂停管教"和"罚站"的含义，在一些不适合的情景下滥用"暂停管教"，所以这个方法饱受争议。

实际上，有研究表明，有效的暂停管教法可以帮助孩子提高自我控制力，但家长们要注意以下三点。

首先，由孩子自己决定冷静时间。

孩子认为自己情绪稳定了就可以从"冷静角"走出来。一些家长在把孩子关进房间后，任由其大哭大闹，非要关够半小时不可，这样做容易适得其反。

其次，让孩子自己选择冷静的场所。

选择好"冷静角"后，可以在旁边贴一个显眼的标志，比如一张画着小手的贴纸。这种方法能在一定程度上增强孩子对规则的认同。当孩子再次出现负面情绪时，他的脑海里就会浮现出这个图案，他知道如果控制不住自己的情绪，就需要到"冷静角"冷静一下了。

最后，孩子恢复平静离开"冷静角"后，家长一定要给予适当的称赞，这一点非常重要。

我发现很多家长在孩子已经冷静后，仍旧喋喋不休，继续唠叨孩子哪里做得不对，这样的负面反馈会使得"冷静角"的效果大打折扣。所以，如果孩子每次都能主动去"冷静角"，家长就要不吝赞美，及时表扬孩子的这一行为，这样孩子才有可能乐于继续使用"冷静角"。

2. 帮孩子做计划和预测

（1）引导孩子主动做计划

孩子做事情可能欠缺计划性，不会做长远规划，这是很正常的。我们可以帮助孩子提前规划任务，并对可能出现的状况做出合理的预测。

成年人做一件事情，会事先预测可能发生的情况，这是执行功能中"计划"的部分，但孩子在"计划"方面的能力比较差，所以我们可以帮助他们做"预测"。你可以带孩子想象他会遇到的一些障碍，并且提前通过演练加以规避。

比如，孩子每次去游乐场都迟迟不肯回家，跟家长要赖哭闹。家长可以在去游乐场之前，与孩子讨论回家的时间问题："你前几次去都吵着不肯回，这次我们应该怎么做呢？如果下午回家的时间到了，你应该怎么做呢？"和孩子商量，让他把可能的应对方式一一在脑海中闪现，你就会发现孩子的自控力会慢慢改善和提高。

（2）构建"如果—那么"（if-then）的行为链条

有些家长会给孩子讲很多大道理，但对于孩子自控力的改善却收效甚微，孩子仍然我行我素。这个时候，家长可以与孩子一起创造"如果—那么"的行为链条。什么意思呢？就是在具体情况和行动之间建立牢固的联系——如果是这种情况，那么就要这么做。"如果—那么"的行为重复得越多，越能在孩子的大脑中形成固定程序。

比如，孩子在公共场合大吵大闹，怎么规劝都没有用，家长就可以建立一个"如果—那么"的行为链条：如果到了公共场合，那么小嘴闭起来，小手小脚规矩起来；孩子如果实在忍不住想要大吵大闹，那就跟妈妈说，让妈妈帮忙找个安静的地方发泄一下情绪。又如，如果孩子跟一个小朋友争抢玩具了，那么就找妈妈或者老师，让他们来解决。这种机械化的程序越多，孩子就越容易控制好自己。

3. 利用斯特鲁普（stroop）游戏，从内部提升孩子的自控力

随着孩子自控力的发展，你还可以由从外部帮助孩子提升自控力转为从内部帮助孩子提升自控力。游戏其实是个好帮手，它可以专门锻炼孩子执行功能的核心能力。我向大家推荐斯特鲁普游戏，这种游戏需要孩子按照规则抑制自己，同时需要孩子学会灵活地转换规则。抑制和灵活的转换都是提升孩子执行功能的关键。

斯特鲁普游戏有很多种玩法，最经典的一种是首先给孩子一些跟颜色有关的字卡，并且每个字用对应的彩色笔写出来，比如"红"字用红色笔，"黄"字用黄色笔，孩子每抽到一张卡就读出这个字。然后，打乱顺序再用彩笔写字，比如"红"字用蓝色笔，"黄"字用黑色笔。告诉孩子，

这次要忽略字本身的颜色，而要说出汉字代表的颜色。这样一来，难度就提升了，因为孩子需要抑制自己说出看到的字的颜色，然后根据新规则转换自己的行为，说出汉字所代表的颜色。

这个游戏还有别的变形玩法，比如请孩子找一找家里有哪些红色圆形的东西，找到之后变换规则，变成找一找有哪些黄色圆形的东西。又如说"蹲下起立"，说"蹲下"的时候孩子要起立，说"起立"的时候孩子要蹲下。还有"伸手伸脚"，说"伸手"的时候要伸脚，说"伸脚"的时候要伸手。这种对两种信息做灵活转化的游戏，都能很好地提升孩子的内部控制力。

4．通过运动提升孩子的自控力

我在前面章节讲过，运动本身就可以提高自控力，对执行功能而言，中低强度、长时间的有氧运动（跑步、游泳、骑自行车）是非常有效的提升方法。

还有一些对抗性或团体性的体育运动，比如武术、足球、篮球，都可以提高孩子的自控力。因为这些运动要求孩子随时观察周围环境，根据规则确定适应性的策略，然后做出快速反应，这样的过程可以让孩子的自控力得到很好的锻炼。

2018年发表在《发展心理学》期刊上的一项研究，对不同年代出生的美国儿童进行了延迟满足的测试。测试结论是：与20世纪60年代相比，近年来，孩子们的自控力水平整体是呈上升趋势的。所以，家长们不要有孩子好像越来越调皮、越来越叛逆的错觉。如今，社会与家庭都开始重视儿童的科学养育，这都非常有助于儿童执行功能的发展。

脑科学育儿"三步走"

认识大脑

- 自控力是执行功能的一部分。执行功能是我们大脑的指挥中枢，它是比较高阶的功能。掌管执行功能的前额叶要到20多岁才会发育成熟，所以孩子的自控力差是正常的。
- 当孩子和大人需要抑制同样的冲动时，孩子比大人激活了更多脑区。也就是说，孩子要用到更多脑力去抑制冲动。

理解和尊重大脑

- 有时候孩子看上去像是故意和家长作对，其实是因为他真的无法控制自己的行为。
- 家长不要轻易去惩罚自控力差的孩子。因为惩罚不仅会让他错失一次提高自控力的机会，还会让孩子的大脑产生有毒的压力反应，自控力就更难得到提高了。
- "棉花糖实验"中，那些能抵抗住诱惑的孩子并不是自控力发育超前，他们只是比别的孩子更会使用外部策略来控制自己的冲动。
- 3～5岁是孩子执行功能急剧增长的时期，在这个时期，家长要注意培养孩子的自控力。

> **支持大脑**

- 利用外部策略帮助孩子冷却冲动：对于低龄儿童，使用转移注意力的方法；对于大龄儿童，正确使用暂停管教法，包括让孩子自己决定冷静的时间、场所。冷静结束后，家长要给予称赞。
- 帮孩子预测和做计划："如果—那么"（if-then）的行为链条。
- 利用斯特鲁普游戏，从内部提升孩子的自控力。
- 通过运动提升孩子的自控力。

参与打闹游戏，适应人际关系规则

无论是在小区还是学校，孩子只要聚集在一起活动，大都喜欢你追我赶、打打闹闹。尤其是男孩，有时动作比较粗鲁，甚至会起冲突，发生些小磕碰。有些父母和老人觉得孩子打闹太危险，而且很难控制，于是就限制自己的孩子跟其他孩子一起玩，甚至不愿意把孩子送去幼儿园。这样的做法当然是不对的，我们可以教孩子保护自己，不伤害他人，但不能因为这些问题剥夺了孩子与同龄人一起玩游戏的权利。

💡 打闹游戏的实质与意义

打闹游戏实际上是哺乳动物的本能活动。孩子打闹玩乐的时候会特别兴奋，由内而外充满了活力。其实从演化的角度来看，打闹游戏对孩子好处颇多。

1. 打闹游戏可以强身健体

对于学龄儿童来说，他们埋头苦读的时间非常多，大部分孩子都缺乏体育锻炼，而打闹游戏正好能弥补这一点。打闹游戏可以释放孩子的无限精力，我们不妨把它看作孩子日常的体育锻炼。

2. 打闹游戏可以提升社交能力

一些研究者认为，打闹游戏最大的作用是有利于儿童编码和解码社会信号。换句话说，孩子从游戏中获得的策略、规则，会潜移默化地指导他将来的社交策略。

举个例子，要玩打闹游戏，就需要有人发起游戏，还要想办法维持游戏的进展。所以在打闹游戏的过程中，孩子会通过追赶、偷袭、躲避、挑衅、示弱等策略推动游戏，从中掌握社交规则，比如不能伤害对方，不能总是自己赢，要让对方也有赢的机会。此外，孩子还需要从其他孩子的动作中，解读出不同意图的信号。

3. 打闹游戏可以提升认知能力

前文讲过，执行功能可以帮助我们控制冲动，抑制分心，计划和组织信息。在打闹游戏中，孩子要遵守规则，要互换角色，还要在高度兴奋的状态下，控制好自己的情绪，克制自己的行为，这些都可以说是在提升他们的执行功能。所以，打闹游戏对孩子身心的各个方面都有好处。

当然，很多家长会担心孩子在打闹中受伤或者被欺负，这是人之常情。有些幼儿园和学校也会出于安全的考虑，禁止孩子打闹嬉戏。不过研究发现，追逐打闹的游戏行为演变为攻击行为的概率只有0.6%。打闹是孩子社会情绪能力发展的必经阶段，也是孩子之间重要的人际互动方式之一。他们一起生活，一起游戏，发生冲突的情况并不多见。

还有一些家长会担心，孩子经常打打闹闹会不会变得暴力、充满攻击性？2017年发表在美国《婴儿心理健康杂志》(*Infant Mental Health Journal*)上的一项综述性的研究显示，主流研究结果中，打闹游戏和攻击性之间没有关系或呈负相关。此外，打闹游戏的质量越高，孩子的情绪调节能力就越好。

所以，一味禁止孩子打闹是不科学的，让孩子在打闹中学会辨别是非、预防危险、提升社交能力和控制情绪能力才是最重要的。前面曾经讲过，人脑对紧急状况会有"战斗还是逃跑"的反应，我们需要判断什么情况下"我需要打一架"，什么情况下"我应该逃跑"。这种判断的学习是非常重要的，因为我们的原始本能就是战斗或逃跑的简单二元反应。实际上，传授孩子这样的判断能力是很难的，孩子需要在打闹游戏中、在与同伴的互动中学习。

💡 帮助孩子学会打闹游戏

1. 教孩子识别打闹是否有恶意

研究发现，打闹游戏最早出现在父子游戏中，所以我建议爸爸们可以通过家庭打闹游戏、绘本书籍等，让孩子了解打闹游戏和恶意霸凌之间的不同。

台湾儿童福利联盟曾总结了七条判断依据，我们可以选取其中的几点指导孩子识别恶意。

首先，读表情，看力度。打闹游戏本质上是亲社会的，以自然愉悦的积极情绪为主，而且打闹嬉戏时，孩子会控制自己的力道，以免伤害对方。所以，如果发现对方表情狰狞、凶狠，而且下手很重，我们就要告诉孩子及时退出游戏。

其次，看有无故意、强迫且反复发生的行为。挪威心理学家丹·奥维斯总结"霸凌"的定义时重点提到了"长期""反复"。孩子之间打打闹闹，偶尔受了委屈，并不能说明什么，但如果对方长期、反复故意使坏，就一定要让孩子警惕。

最后，问感受。我们可以问一问孩子自身的情绪感受："你和小朋友玩得开心吗？有没有发生不愉快的事情？"我女儿特别喜欢玩"主人与猫"的游戏，家长感觉"当猫"容易被其他孩子欺负，其实不然。在孩子们眼中，猫是被呵护的，因为它代表着可爱。所以，孩子有没有被欺负，最好还是问一问孩子自身的感受，不能只凭我们的主观臆断。

2．选择安全的方式玩游戏

首先，我们要为孩子选择合适的游戏场地。研究发现，拥挤、狭小的场地会增加孩子打闹游戏中的攻击行为。所以，我们最好带孩子到场地开阔的地方玩耍。摔跤、翻滚类的打闹游戏，最好在表面柔软的地方，比如草地上进行。同时，我们要提醒孩子，躲藏时不能超出家长的视线范围，以免遇到危险求救时难以被发现。

其次，让孩子了解与意识到潜在的危险。有些孩子一边吃棒棒糖，一边追逐打闹，一旦摔倒，后果不堪设想。我们要提前告诉孩子，玩游戏时不要携带尖锐的物品或者带绳子的物品。家长提前给孩子讲一讲游戏背后潜在的危险，是非常有必要的。事前小心，总好过事后补救。

最后，明确游戏规则，保证游戏中的安全。比如，我们可以告诉孩子，玩打闹游戏时不能攻击对方的头部、面部，只允许接触对方肩部以下的部位；接触对方时要使用张开的手掌，不能使用拳头。同时，让孩子学会倾听他人的需求，如果有人不情愿或者不舒服，游戏就要暂停，大家开心才是最重要的。

3. 教会孩子解决冲突，学会求助

有时候，孩子会通过挑衅行为来扩展他们的"边界"。比如，一个小朋友试探着碰触一个孩子，这个孩子不知道怎么解决，那么，下一次对方就有可能变本加厉。所以，我们要教会孩子自己去解决冲突。

对于普通的冲突，我们可以教孩子用语言去表达，去沟通。比如，打闹时不小心被小伙伴踩到了，我们要教会孩子正确地向对方表达情绪，说明后果，再进一步提出要求。比如："你踩疼我了，我很生气，你得道歉，然后咱们才能一起玩。"

孩子通常都是以自我为中心的，有时候很难理解他人的感受，即使犯错了，也可能拒不道歉。所以，我们还要教会孩子如何求助。研究发现，有超过一半的男孩都遭遇过霸凌行为，而大多数父母却毫不知情。因为

很多孩子被欺负后，第一反应不是求助，而是想办法隐瞒。因为孩子会担心，向家长或老师求助后，对方可能会变本加厉地欺负自己。所以，我们需要告诉孩子：求助并不危险，总是忍耐才会让对方变本加厉。

当然，如果孩子遇到了有暴力倾向的问题儿童，我们要告诉他不要激怒对方，而是尽可能地远离，并及时向老师或父母求助。我们要让孩子明白，爸爸妈妈和学校的老师是他们坚强的后盾，出现这些问题时，我们会和他一起解决。

脑科学育儿"三步走"

认识大脑

- 打闹游戏的积极意义：强身健体，提升社交能力和认知能力。
- 打闹是孩子社会情绪能力发展的必经阶段，也是孩子之间重要的人际互动方式之一。孩子从打闹游戏中获得的策略、规则，会潜移默化地指导他将来的社交。打闹游戏的质量越高，孩子的情绪调节能力就越好，攻击性反而越低。
- 在打闹游戏中，孩子要遵守规则、互换角色，还要在高度兴奋的状态下，控制自己的情绪，克制自己的行为动作。这些都是在提升他的执行功能。

理解和尊重大脑

- 家长可以把打闹游戏看作孩子日常的体育锻炼。
- 禁止孩子玩打闹游戏是错误的，孩子在打闹游戏中可以学会辨别是非、预防危险，还能够提升社交能力和情绪调节能力。

支持大脑

- 教孩子识别打闹是否有恶意：读表情，看力度；看有无故意、强迫且反复发生的行为；问感受。
- 选择安全的方式玩游戏：带孩子到场地开阔的地方玩耍；让孩

子了解潜在的危险，不要携带尖锐的物品或者带绳子的物品；明确游戏规则，保证游戏中的安全。
- 教孩子解决冲突，学会求助：教孩子遇到问题用语言去沟通，声明边界，应对冲突，及时求助。特别是在遇到有暴力倾向的孩子时，要保持距离，主动向老师和父母求助。

"我家有个小皇帝"

上班劳累了一天，回到家里孩子又缠着你哭闹不休，遇上这样的情况，你会不会觉得孩子特别不能体谅你？特别没有同理心？培养孩子的同理心是一件非常重要的事情。下面我就带你来了解一下什么是同理心。

💡 什么是同理心？

同理心是一种能设身处地站在他人的角度着想，理解别人的渴望、动机和情感的能力。也就是说，别人的感受、想要的东西、想实现的目标，我们都能体会到。提到同理心，你是不是会想到"共情能力"这个词？共情能力与同理心的概念相似，就是能理解和体验他人情绪的能力，简单来说就是懂得换位思考。

儿童发展心理学家斯坦利·格林斯潘发现，一个孩子的同理心越强，其社交能力和感知幸福的能力也越强,这样的孩子将来更容易成功。相反,如果一个孩子缺乏同理心,不善于共情,也不懂为他人着想,那么他更容易被同龄人排斥,将来与人相处时也会经常受阻。如果你的工作中需要雇用职员,或者像我这样需要招收学生,就能理解那些同理心低下、难以换位思考的人是多么不受欢迎、难以获得重任。

我相信大多数父母都有一个愿望,就是让孩子拥有快乐和幸福。但我要告诉大家的是,如果我们人人都为他人着想,而不是一味地专注于自身,反而会更幸福。这其实是一个育儿的隐形密码,家长应该时刻给孩子灌输这种思想,重视培养孩子的同理心。

现在很多孩子被溺爱成了"小皇帝""小女王",在家不体谅大人的辛苦,在外也是以自我为中心,没法和小朋友友好相处,这都是缺乏同理心的表现。我们成年人都知道,不论是伴侣之间的相处,还是职场同事间的协作,都离不开同理心。

2014年荷兰研究者发表在《攻击与暴力行为》(*Aggression and Violent Behavior*)上的一项综述性研究发现,犯人的同理心普遍偏低。也就是说,他们换位思考、理解他人情绪反应的能力比较低,而这可能和他们践踏人类社会规则和损害他人利益有一定关系。所以有人说,如果一个孩子没有同理心,不知道如何与他人和社会相处,那所有的教育都是徒劳的。

你可能会觉得,孩子小时候肯定是自私的,习惯以自己的视角为中心,很难站在他人的立场去思考问题,这个阶段就要求孩子有同理心,是不是太难了?我可以告诉大家的是,不难!孩子完全可以做得到,并且家长也可以从中引导。

其实,同理心有本能的部分,比如我们有时会不由自主地模仿他人的动作,内部的模仿会引发我们与他人相同的感受。同理心分为两个层面:第一个是"感知"层面,简单说就是"我能感受到你的感受";第二个是"理解"层面,就是"我能理解你的感受"。

"感知"层面，刚出生的婴儿就可以做到。比如，你对他吐舌头做鬼脸，他就能模仿同样的动作。我们的大脑中有镜像神经元，这些神经元在看别人做有目的的行为时被激活，在自己做同样动作的时候也被激活。就是说，即使我们自己没有动作，只看别人做类似动作，也可以在神经层面上感同身受。很多科学家认为这是同理心的神经基础之一。神经系统越复杂，这个镜像神经系统就越发达，这表明同理心是我们这种高级的社会动物特别擅长的能力。

"理解"层面更为重要。"心理理论"的概念就是一个人能够意识到他人是有目的、有信念的人，并据此来解释和推测他人的行为。通俗而言，就是一个人理解他人想法的能力。越来越多的研究发现，一两岁的孩子也可能已经具备了这种基础的心理理论能力。下面我来介绍一下如何从心理学理论出发培养孩子的同理心。

💡 怎样培养孩子的同理心？

1. 让自己成为孩子同理心的对象

培养同理心的关键在于建立联系，孩子很难对太遥远的人和事感同身受。所以，我们可以让自己先成为孩子同理心的对象。

举个例子，你工作了一天，身心俱疲地回到家时，只想躺在沙发上休息一会儿，可是孩子非要拉着你陪他玩，你该怎么办？很多家长都会强忍疲惫陪伴孩子，哪怕是敷衍地陪伴。

实际上，这正是培养孩子同理心的机会。你可以告诉孩子："妈妈上班一天特别累，让我休息10分钟，然后再陪你玩，好吗？"

如果孩子听不进去，非要缠着你，你可以一边躺在沙发上闭目养神，

> 妈妈，陪我玩会儿吧。

> 妈妈太累了，让我休息10分钟再陪你玩，好吗？

一边问他："你觉得现在妈妈还有几格电？你感觉妈妈现在精神状态怎么样？"

经你一提醒，孩子就会观察起来："妈妈看起来很累……我猜可能只剩下一格电了吧。"孩子能说出你的状态，这就是他理解你的第一步。

这时候，你可以继续启发他："想一想你平时玩的 iPad，如果只剩下一格电了，它会怎样？"对此，孩子会肯定地说："iPad 电量低于 20% 就提醒要充电了，不然会自动关机。"这么一类比，孩子又进一步理解了你当下的状态。

然后，你可以告诉他："妈妈也一样，不及时充电会很难受，说不定会生病。你还记得你电量快用光的时候闹觉有多难受吧？身上没劲儿，心里很烦躁，动不动就会发脾气。妈妈不会像你那样闹，但妈妈在这种状态下肯定没法好好陪你玩。"

说到这里，孩子基本上就可以理解家长的感受了。这样的对话可以反复几次，只要家长说累，对孩子说自己想休息，孩子就不会再一味地缠着家长陪他玩了。他甚至还可能关心地问道："妈妈，那我能帮你做点儿什么？我帮你捶捶背吧！"

亲子关系并不是父母的单向付出，我们还要给予孩子理解家长真实感受的机会，让孩子学会共情，学会体谅，学会关心家长。如果孩子能站在家长的角度看问题，他就能自觉规范自己的行为。

上面提到的培养同理心的几个步骤，可以用四个词概括：注意、思考、感受、行动。

国外的一些学校常用这四步对孩子进行感恩教育，家长在培养孩子同理心的时候，也可以参考这样的做法。

第一步，注意。 提醒孩子注意观察——发现了什么？比如观察别人的表情，留意别人的情绪状态，注意他人的意图和情感表达，其实这就是感知训练。

第二步，思考。 让孩子想一想——为什么会这样？换位思考一下，你会有什么感受？换位思考和感受就是心理理论，也是同理心的关键部分。

第三步，感受。 提醒孩子去感受——你能理解对方的感受吗？如果在同样的情况下，你的感受是什么？

第四步，行动。 让孩子去行动——理解别人之后，你能做些什么？让孩子由理解他人进而思考自己该怎么做。

2. 让同龄人成为孩子培养同理心的对象

大量研究发现，有稳定同伴关系的孩子，他们在执行心理理论任务时的表现更好。这个心理理论能力与同理心、换位思考能力是高度相关的。换句话说，同伴交往有助于儿童同理心的发展。

有一次，我在飞机上遇到这么一件事。当时有个婴儿一直在哭，周围人有同情孩子妈妈的，有烦躁厌恶的，还有的乘客为了离她们远一些，转去抢后面的空位。这时,一个3岁左右的小男孩,离开自己的座位,来到哭闹的婴儿面前,递上了自己的安抚奶嘴。他的妈妈对他竖起了大拇指,旁边的姐姐也称赞他的举动。

那位妈妈搂着两个孩子,对女儿说:"你以前也经常把奶嘴给弟弟是不是?"看来小男孩的举动是从姐姐那里学来的。

其实,孩子很小就能感同身受。比如,看到有小朋友摔倒哭了,自己也会跟着哭;刚入园的小朋友,甚至会出现一大批孩子在一起抱头痛哭的场景。这其实就是孩子的本能反应。有些家长会认为孩子都是软弱的,其实这是对孩子的误解,孩子看到别人哭,他也会哭,恰恰说明孩子有良好的与他人共情的本能。

我女儿不到3岁的时候,我给她唱过一首英文歌——史密斯飞船乐队的《我不愿错过这一切》(*I Don't Wanna Miss A Thing*)。这是一首讲述父亲和女儿生离死别的歌。她完全听不懂歌词,但是听着听着突然就哭得稀里哗啦的,还紧紧地抱住我,这是因为她通过曲调感受到了里面的情感。我当然不会责怪她软弱或者敏感,相反,我非常高兴看到她具备极好的感受他人情感的能力。其实,很多心理学家都达成了一个共识,那就是同理心越好的人,无论是工作、事业还是个人生活,都会发展得更好。

不知大家有没有发现,孩子在很小的时候都是独自玩玩具,到了三四岁后,他们就开始喜欢和别人一起玩。这表明孩子到三四岁时,同理心才发展到一定水平。因为无论是角色扮演游戏、搭积木,还是各种体育类的游戏,孩子都需要理解他人的行为和角色,需要明白在一定的规则下进行游戏。这些游戏在成年人看来是很幼稚的,而对孩子来说,却是非常重要的学习体验。

当然,有合作就会有冲突,孩子解决冲突的过程,对于提升同理心也会有很大的帮助。

我女儿所在的幼儿园经常玩一个叫作"握手桥"的游戏。两个孩子有

你撞到我了，我很疼的。我不想和你玩了。
我刚才太着急了，不小心就撞到你了。你能原谅我吗？

好吧，那你可要小心点哦。
对不起，我以后会注意的。我们以后还能一起玩吧？

矛盾了，老师会让他们面对面站着，轮流说出对对方的想法，目的是帮助孩子理解对方。孩子说完之后，还要耐心地听对方说明他刚才的行为原因和原本的想法。在这个过程中，老师会不断地引导和协调，最终，两个孩子达成一致，可以分别往前走一步。慢慢地，两个孩子越走越近，最后在"握手桥"上会合，小手一拉，冲突就解决了。

"握手桥"游戏的整个过程，有推测，有倾听，而且一直在不断地验证孩子对他人内心想法的感知。这种心与心交流的方式，不仅能让孩子学会理解他人的感受，也能让孩子在游戏中学会解决问题。家长在与孩子闹矛盾时，也可以尝试这个游戏。

请记住，孩子无论是从父母还是小伙伴身上学习，都是为了增加自己的社会经验。孩子的情绪体验越丰富，其同理心发展得也就越快，这对于孩子未来的社交大有裨益。

脑科学育儿"三步走"

认识大脑

- 同理心是一种能设身处地站在他人角度着想,理解别人的渴望、动机和情感的能力。人类大脑中的镜像神经元,在看到别人做有目的的行为的时候会被激活,在自己做同样动作的时候也会被激活。就是说,即使我们自己没有动作,只看别人做类似动作,也可以在神经层面上"感同身受"。很多科学家认为这是同理心的神经基础之一。
- 同理心分为两个层面:第一个是"感知"层面,简单说就是"我能感受到你的感受",刚出生的婴儿就具备这种能力;第二个是"理解"层面,就是"我能理解你的感受",一两岁的孩子就可能已经具备了这种能力。
- 孩子的同理心越强,其社交能力和感知幸福的能力就越强,未来在事业上也会取得更高的成就。

理解和尊重大脑

- 培养同理心的关键在于建立联系。离孩子太远的事情,孩子很难感同身受。可以先从父母开始,让我们自己先成为孩子同理心的对象。
- 亲子关系并不是父母的单向付出,我们还要给予孩子理解家长真实感受的机会,让他学会共情,学会体谅,学会关心。如果孩子能站在家长的角度看问题，他就能学会规范自己的行为。

支持大脑

- 可以参考"注意—思考—感受—行动"的步骤，逐渐培养孩子的同理心。

注意——提醒孩子注意观察别人的表情，留意别人的意图和情绪。

思考——让孩子换位思考，设想他人的感受。

感受——提醒孩子去感受对方的感受。

行动——引导孩子去行动，理解他人的感受之后想想自己可以怎么做。

敬畏教育，
让孩子理解自己与世界的关系

父母养育观的一个小小的转变，就会给孩子带来完全不同的童年，甚至是完全不同的未来。

在此，我想谈谈在养育过程中很重要却鲜有人提及的话题——敬畏心。古语有言："心存敬畏，方能行有所止。"意思就是一个人怀有敬畏之心，才不会无法无天。然而，你可能会发现，如今的孩子普遍缺乏敬畏之心，这是什么原因导致的呢？

我认为这可以归结为两个方面：一方面，现在物质丰富、生活优越、物流便捷，孩子缺乏与真实世界的接触，很难有"谁知盘中餐，粒粒皆辛苦"的感受；另一方面，孩子获取知识的渠道越来越广，足不出户，就能在手机上尽览天下，这导致很多"见多识广"的孩子目中无人，平时对父母和老师也缺乏起码的尊重。这其实就是无知者无畏。另外，有些孩子不懂得谦虚，不懂得欣赏别人的优点，或者不会主动考虑别人的感受，有时甚至还会去嘲笑别人。所以，加强孩子的敬畏教育是十分必要的。

认识敬畏心

敬畏心不仅仅关乎教育问题，它与人的大脑及心理发展也有一定关系。在讲同理心的时候我提到过，现在很多孩子都是"小皇帝""小女王"，认为地球是围着他们转的。如果说同理心是让孩子更多地去关注和感受他人的心理状态，那么这一节谈论的敬畏，就是让孩子对自身、社会和整个世界有一个更全面、更真实的认识和理解。实际上，敬畏心也是一种元认知能力。这种看似形而上的认知能力，可以实实在在地对孩子的大脑和行为产生影响。

研究发现，敬畏对孩子的自我意识、时间感知、亲社会行为、生活满意度和谦逊品格等都有影响。敬畏会促使孩子更愿意做出慷慨或乐于助人的行为。敬畏会提醒孩子：自己不是世界的中心，而是远比自己更伟大的事物的一部分。它能让孩子更愿意遵守规则，做对别人有利的事情，更懂得珍惜拥有的一切。

有些家长可能会疑惑：怀有敬畏心会不会让孩子感到害怕呢？

2018年美国罗格斯大学两位研究者的一项研究探讨了敬畏对学龄前儿童探索和发现行为的影响。结果发现，敬畏非但不会让孩子产生恐惧，反而会增强孩子的探索欲望，让孩子变得更有创造力。

研究者准备了三个分别能引发敬畏、开心和平静情绪的视频。他们首先让三组4～6岁的孩子观看这些视频，然后观察他们玩新玩具的情况。结果发现，观看了引发敬畏视频的儿童，玩新玩具的方式更多样。这或许是敬畏的情绪增强了不确定感，促使孩子进行认知调节，让他们跳出思维定式，探索更多玩法。所以，我们完全不用担心孩子见识了浩瀚与广博的天地之后会害怕，这种"大"反而能让孩子以更开阔的视野，去审视自己与这个世界的关系，这有助于他跳出自己的小圈子，拥抱整个世界。

💡 如何让孩子拥有敬畏之心？

加州大学伯克利分校的达彻·约瑟夫·克尔特纳等人研究发现，敬畏包含两个核心：一是我们感知到的"大"，包括那些在数量、范围或复杂性上比我们更大的东西，能挑战或改变我们对世界的理解；二是觉察到自身的"小"，这能让我们超越平凡，帮助我们真正地活在当下。这种巨大的反差有助于增强孩子们的调节与适应能力，从而帮助他们更好地处理自我和外部的关系。

从认知神经科学的角度来看，产生敬畏之心需要调动和注意力、自我调节、认知控制以及社会情绪相关的多个脑区。孩子在敬畏的状态下，认知适应能力更强，更倾向于接受新知识。而敬畏的体验又会促使孩子将意识和注意力从琐碎日常的事情上转移到更大的实体上，比如整个社会、大自然等。

当然，从儿童发展阶段来看，低龄儿童因为认知能力有限，看不到事物的全貌，一些想法常常不合逻辑，思维方式也主要以自我为中心，很难客观地看待问题。所以，在这个阶段，家长一方面要理解孩子的发展特点，另一方面要用自己的经验帮助孩子提升认知水平。

1. 为孩子创造一切能带来敬畏感的机会

空闲时，我们可以多带孩子感受日常生活中没有的体验，比如接触大自然，去动植物园、森林、海滩甚至峡谷、洞穴中，感受瀑布、星辰、日出日落的瑰丽景象，或是去历史遗迹、摩天大楼、地铁博物馆中参观。我们还可以结合时事新闻，让孩子了解自然灾害的威力，了解人类是如何应对自然灾害的，让孩子在感受人类科学进步的同时，明白科技也是有局限性的。

除了带领孩子领略广袤的世界，我们还可以带他们去认识微观世界，那里同样有着令人震撼的美。比如，蜻蜓的翅膀、地衣的构造，甚至路边一朵不起眼儿的小花，只要引导孩子仔细观察，就会有不可思议的发现。再有，很多事物在白天看上去平平无奇，如果我们晚上拿着手电筒与孩子一起夜探公园，当发现那些潜伏在黑暗中的夜行动物时，孩子一定会惊叹连连。

这些实地观察所带来的敬畏感是孩子体验的重要组成部分。旅游、户外活动、参观等容易被忽略的课外活动，都能给孩子带来诸多益处。可以说，敬畏的体验将会大大开拓孩子的认知。

除了实地观察，家长和孩子一起看电视、做实验或者亲子阅读，同样能够让孩子对所处的世界产生敬畏。比如，纪录片会通过特殊的拍摄手法，把常见的日出日落，通过快进的呈现方式，让孩子直观地感受到时光的流逝、季节的更替，从而唤起他们的敬畏情绪。

另外，孩子一般比较热衷于做实验，科学实验能通过简单的材料，制造出令人难以置信的效果，这对年幼的孩子来说是非常震撼的。此外，读历史故事、名人传记或聆听气势恢宏的古典音乐，都能给孩子带来敬畏的感受。

2. 和孩子一起记录、讨论敬畏的感受

敬畏情绪会在孩子心底掀起波澜，即使他们不理解"敬畏"的含义，内心也会有很多与敬畏相关的感受。记录和讨论孩子的这一感受，则是为了激发他们更深层次的思考。家长应该多鼓励孩子用文字、画画等方式，把自己的体验感受记录下来，也可以通过相机，拍摄记录孩子的敬畏时刻。不管用何种形式，最重要的是我们要有意识地帮助孩子获得敬畏的体验。

2020年新冠肺炎疫情爆发的时候，很多孩子都不理解，为什么安排好了旅行、聚会，突然就变成了闭门不出、人人戴口罩？然后发展为学校停课，家长不能正常上班，打开电视、手机，到处都是疫情动态。毫无疑问，这个重大事件给孩子带来了不小的影响。

当时，我女儿常常问我关于病毒的问题："病毒从哪里来？我们能打败病毒吗？"于是，我就和她一本正经地讨论起来。我告诉她，新冠病毒原本就存在，它跟人类、野生动物一样，也是大自然的一部分。它可能一直和其他动物共存，也可能被冰冻在冰川之下，与人类相安无事。但是，有一天病毒自身进化了，感染了人类，而人类就是在和病毒的斗争中生存发展起来的。

我想通过与孩子的这些讨论，让她了解人与自然紧密又脆弱的关系，从而对大自然产生敬畏之情。

当讨论到如何战胜病毒的时候，我女儿又问："如果病毒打败了人类，那我们怎么办？"

我说："环境恶化、全球变暖、小行星碰撞都可能打败人类，虽然我们很强大，但确实也有可能灭亡。所以，只有保护环境、尊重科学，我们才可能持续地进化和生存下去。不过不用害怕，现在人类已经认识到了这些问题，科学家们也都在研究对抗病毒的办法。但目前对我们个人来说，最好的办法就是做自己能做的，为自己负责。我们减少外出，做好隔离和防护，就是最好的保护自己的方法。"

讨论过后，我发现女儿发生了一些变化。比如，她会主动地用电视里教的"七步洗手法"洗手，出门前还会提醒我们每个人戴好口罩。在这之前，她会因为不舒服而不愿意戴口罩，洗手也总是应付了事。

另外，她还在家又写又画，制作了疫情防控的小报。她也突然对生物知识、环境知识感兴趣了，主动去阅读相关的书籍。这份对自然的敬畏之心，开阔了她的视野，也让她对世界有了更完整的认知，这会让她终身受益。

3. 让孩子充分理解自己和世界的关系

我们知道，孩子们平时的一些行为跟他们自身的认知水平有直接关系。所以，家长与其强硬地纠正孩子的行为，不如帮助他们建立对事物之间联系的认知。一旦孩子的认知健全和丰富了，很多问题自然也就解决了。

我平时会和女儿聊一些看起来和她没有直接关系的事情。比如职业："爸爸是老师，工作是进行科学研究，并为咱们国家培养出更多有用的人才。你的好朋友甜甜，她的爸爸妈妈都是医生，医生的职责是救死扶伤，守护我们的健康。"

我们一起出去吃饭时，我会告诉女儿，服务员阿姨是做什么的；走到大街上，看到清洁工，我会告诉女儿，正是因为有清洁工叔叔阿姨的辛勤工作，我们才能走在一条干净整洁的马路上；我还会告诉女儿，遇到危险，会有警察保护我们；发生了火灾，会有消防员救援我们。每个人都做出了贡献，每个人也都需要别人，我们的社会就是一个互帮互助、互相支持的大系统。通过这样的引导，孩子就能充分理解自己是社会群体中的一员，社会系统正是由无数个像她一样的个体组成的。

通过这样的聊天，我发现她会与那些提供服务的叔叔阿姨交流，主动地说一些"请""麻烦您""谢谢""辛苦了"等表示感谢的词语；走在路上，她再也不会随手乱扔垃圾。这说明她逐渐明白了幸福生活来之不易，要格外珍惜别人的辛勤付出。

除此之外，我们还可以让孩子了解人与大自然的关系。比如，孩子与爸爸妈妈组成了一个家。自然界中的生物和它们的爸爸妈妈，也组成了一个个小家。无数的小家，共同构建了地球这个大家。我们跟小鸟、小树这类动植物一样，都是地球的主人。没有了小鸟，会暴发虫灾，很多植物的种子也无法传播；没有了树木，将加剧温室效应，这可能会导致人类的灭绝。孩子从中了解人与自然的关系，理解了各种生命体存在的意义，从而敬畏自然的力量。如果孩子能心存敬畏，那他就会懂得珍惜、尊重和谦虚，这些品格对他将来的发展都是大有好处的。

脑科学育儿"三步走"

认识大脑

- 敬畏心也是一种元认知能力。敬畏对孩子的自我意识、时间感知、亲社会行为、生活满意度和谦逊品格等都有影响。
- 敬畏不会让孩子产生恐惧,反而会增强他们的探索欲望,让孩子变得更有创造力。
- 敬畏包含两个核心:一是人类感知到的"大",那些在数量、范围或复杂性上比我们自己更大的东西,能挑战或改变我们对世界的理解;二是觉察到人类自身的"小",这能让我们超越平凡,帮助我们真正地活在当下。
- 从认知神经科学的角度来看,产生敬畏之心需要调动和注意力、自我调节、认知控制以及社会情绪相关的多个脑区。孩子在敬畏的状态下,认知适应能力更强,更倾向于接受新知识。

理解和尊重大脑

- 低龄儿童由于认知能力有限,思维方式常常以自我为中心,很难客观地看待问题,也看不到事情的全貌。家长要理解孩子的发展特点,并给予支持,提升孩子的认知水平,激发孩子的敬畏之心。

> **支持大脑**

- 为孩子创造一切能带来敬畏感的机会，如接触大自然、认识微观世界、看纪录片、做科学实验等。
- 和孩子一起记录、讨论敬畏的感受。
- 让孩子充分理解自己与世界的关系，如与周围环境的关系，与一些人、事、物的关系，与大自然的关系。

孩子胆小害羞怎么办？
——看见内向者的天赋

有家长对我说，自己的孩子性格特别内向，不喜欢跟小伙伴一起玩，到了陌生的环境也时刻拉着家长的手，胆子特别小。家长不禁担心：孩子这样正常吗？是养育方法出问题了吗？

其实，人的性格、气质都是和心理、大脑紧密联系的一种特质，将孩子的内向等同于有问题的想法是不可取的。下面我来讲一下家长应该如何正确地看待、理解孩子性格内向和胆小害羞的问题。

💡 孩子内向并非坏事，更不是病态

现代社会更推崇外向气质，孩子内向、安静、喜欢独处似乎就成了缺点。其实，内向并非坏事，更不是病，它只是孩子天生的一种气质。

内向与外向的本质区别是能量来源和注意力的指向不同。举例来说，

同样参加一场宴会，内向者会觉得是在消耗自己的精力，需要额外的时间来恢复精力；而对于外向者来说，宴会的热闹、与朋友的互动，都是他们获得能量的方式，即使宴会结束后，他们依然兴致盎然。

在《内向者优势》这本书中，作者将内向者巧妙地比喻为可充电的电池，他们需要休整来恢复自己的能量储备；而外向者就像太阳能板，需要暴露在外面才能积蓄能量。所以，内向、外向并没有优劣之分，只是内向者更关注内心，而外向者更在意外在，他们都习惯于从自己的关注点上获得能量。

提及内向，相信大家还会联想到"害羞"这个词，我们经常会把内向和害羞混为一谈，实际上这是两个不同的概念。

内向是一种相对稳定的性格特质，遗传度高。我们能辨识到的内向特征是：内向者的能量来自内心的想法、情感和观念。而害羞则是一种社交焦虑，和能量无关。从时间尺度上看，害羞持续的时间比较短，只是特定时间内的焦虑。

如果孩子属于内向性格，这完全不是问题，他们完全可以在外向的世界里更好地成长。至于孩子容易害羞，我们也有一定的方法加以改善。

💡 不要强迫内向的孩子变为外向者

很多父母担心："我的孩子一直这样内向，将来能适应社会吗？是不是需要让孩子变得更外向一些？"我的回答是："不需要！"

如果我们试图用外向者的"优点"去要求一个内向的孩子，结果就是孩子极有可能变为一个害羞的人。我们知道，害羞是一种社交不自信。比如，你要求孩子落落大方地在一屋子陌生人面前打招呼，外向的孩子可能在玩笑间，用三言两语就完成了；而内向的孩子即便认真努力去做了，看上去依然显得死板尴尬。如果家长再去教育孩子要大方一些，就更会打击孩子的自信心。

美国个性心理学研究领域的权威马蒂·奥尔森·兰妮注意到，内向者和外向者的大脑活动存在一些差别。内向孩子的神经系统由乙酰胆碱为递质的副交感神经占据主导，而外向孩子的神经系统则是由多巴胺为递质的交感神经系统起主导作用。副交感神经系统的特征是"休息与消化吸收"，而交感神经系统的特征则是"战斗，战斗，战斗"。

基因决定了孩子的气质类型，不是人为所能改变的，我们要学会接纳，而不是对抗或试图改变。有些事情，我们逼迫内向的孩子去做，他也能够做到，就像我们用非惯用手去完成惯用手做的事情，经过长时间的努力也能完成。但是，这种逼迫会给孩子徒增烦恼，对他的成长而言反而因小失大。

我自己就是一个内向的人，我很庆幸也很感激父母没有逼迫我，他们允许我按照自己的节奏去成长。我想告诉大家的是，我们完全不用担心自己的孩子是否内向。值得我们加以了解的是，一个人的气质会影响他未来的职业选择。比如，我的性格气质就适合当老师、做科研，而不是四处与人打交道。我们不要跟孩子的性格较劲，而是要顺应他的个性，帮助他找到适合自己的道路。

💡 内向孩子也有自己的天赋与优势

如果我们能真心接纳内向的孩子，就会发现他们身上其实有很多优点。比如，内向的孩子善于观察，拥有丰富的内心世界，会积极探寻事物的深层意义,因此他们通常拥有超越同龄人的深刻见解。

内向的孩子一般喜欢集中注意力研究某一件事情,也善于树立长期坚持的目标,因为这些目标是建立在他完备思考的基础之上的。所以,很多内向的孩子读大学之后,特别善于通过讲座、论文等方式分析复杂问题。他们也很擅长抽象思维,常常会有令人眼前一亮的创意,在艺术创作方面也很有天分。

科学家们找到了一些内向者优势的生理依据,发表在《神经科学杂志》上的一项研究发现,内向者的前额叶皮质有更大、更厚的灰质,而这

个大脑区域恰恰与抽象思维、决策和内省等能力相关。

内向孩子的优势还有很多，比如他们会在自省中平衡情绪，他们善于选择有意义的社交，他们能够保守秘密，遇到谈得来的朋友会格外珍视友谊等，就不一一列举了。如果家长能看到内向孩子的这些优势并善加引导，那么，孩子的前途一定是光明的。

💡 千万不要对内向孩子做这些事

1. 不要强迫内向的孩子变为社交达人

很多家长会强迫自己的孩子和人打招呼，强迫孩子当众表演或发言，强迫孩子外出。其实，很多内向的孩子是很敏感的，他们知道社交场合应该做什么，但是，有时候为什么选择不做呢？因为不想。

内向的孩子会觉得这样做太累，信息量太大，处理起来也比较困难，自己会感到焦虑和不舒服。对他来说，这是一种信息过载。这就好比让你同时听三个人说话，然后要求你把这三个人说话的内容全部记录下来，这时候的你必定会手忙脚乱。我们把内向孩子扔进陌生人群中，强迫他去打招呼，这于他而言就是一种信息过载。

所以，我们没必要把内向的孩子推到前台，因为他还没有准备好，强迫只会让他更加抵触。

2. 不要盲目给内向的孩子"贴标签"

有的家长会当众批评孩子，或者公开表达对孩子性格的担心。这样做只会加重孩子的自卑感，打击孩子的自信心。

我建议，无论何时何地，我们都不要当众说自己的孩子内向、害羞、胆小、不会说话，甚至直接说孩子不讲礼貌，对人的本质进行评价是不合适的。我们要体谅自己的孩子："妈妈知道你特别想和大家打招呼，只是你现在没有准备好，没关系的，大家看见你都挺开心的，你是不是也开心？点点头就好了。"这样的话语，会缓解孩子的压力，让他紧绷的神经逐渐放松下来。

要想使内向的孩子变得更加优秀，我们就要为孩子创造一个适宜的成长环境。纽约大学有个洞察计划，目的是研究环境干预对儿童气质的影响。这个计划提供了一个框架，用来欣赏和支持儿童个性的差异，而不是试图改变它们。研究结果发现，虽然所有参加计划的孩子都表现出了技能的提高，但支持性环境对不善于和同龄人社交、不太能寻求老师帮助的孩子影响更大，尤其是在批判性思维和数学技能方面。

研究者还发现，"安全和受到尊重的环境最能支持这些孩子的发展。因为在大多数情况下，内向的孩子不会只是'从自己的壳里走出来'，他们还要确保走出来之后能收获更多的信心"。

这就是我强调千万不要强迫孩子社交的原因。试想一下，孩子好不容易鼓足勇气从他的"壳"里走出来，结果一到外面，发现自己的笨拙被一再嘲笑，他无法从外界获得正向的反馈，结果就会变得更加畏缩不前了。

💡 如何为内向的孩子提供更好的支持？

第一，如果内向的孩子要去一个陌生人多的环境完成某项任务，比如上台表演诗朗诵，家长可以提前带孩子熟悉一下新环境。通常来说，内向的孩子面对新环境或是接触新朋友时，总是会不知所措。所以提前熟悉新环境，会让孩子觉得其他人正在进入他已经"拥有"的空间，心情也会变得更加放松。

主动跟老师谈孩子的内向气质。孩子的绝大部分时间都是在学校度过的。因此，在学校的体验很大程度上决定了孩子情绪的主基调。要想给孩子创设一个充满理解和支持的环境，我们可以主动跟老师谈谈孩子的内向气质。比如，有的老师看到孩子在课堂上很少发言，会误认为他对自己的课程不感兴趣。其实，内向的孩子在课堂上往往更喜欢倾听、观察而不是积极参与。当老师了解了孩子的这一特点后，就会理解他的行为，从而因材施教，帮助孩子更好地发展。

让孩子明白内向并非坏事。内向的孩子倾向于内化问题，可能不会主动求助，家长们可以多听听孩子的想法，确保孩子感受到自己"被倾听"了。我们也可以陪孩子读一读林肯、巴菲特、赫本这些内向性格人物的传记，让他们明白，原来内向性格的人也能取得了不起的成就，这会令孩子信心倍增。

脑科学育儿"三步走"

认识大脑

- 内向者和外向者的大脑活动存在一些差别。内向孩子的神经系统是由乙酰胆碱为递质的副交感神经占据主导,而外向孩子的神经系统则是由多巴胺为递质的交感神经系统起主导作用。副交感神经系统的特征是"休息与消化吸收",而交感神经系统的特征则是"战斗,战斗,战斗"。
- 内向者的前额叶皮质有更大、更厚的灰质,而这个大脑区域恰恰与抽象思维、决策和内省等能力相关。

理解和尊重大脑

- 基因决定了孩子的气质类型,不是人为所能改变的,我们要学会接纳,而不是对抗或试图改变。
- 内向并不等同于害羞。内向是一种相对稳定的性格特质,孩子的性格内向并不是什么缺陷。内向的孩子也有他自己的优势,完全可以在外向的世界里更好地成长。

支持大脑

- 不要强迫内向的孩子变为社交达人。
- 不要盲目给内向的孩子"贴标签"。

- 帮助孩子熟悉即将进入的环境。
- 主动跟老师沟通孩子的内向气质，让老师更好地理解、帮助孩子。
- 让孩子了解"内向的优势与力量"，看到自己的优秀之处。

Dr. 魏解惑课堂

疫情后孩子变笨了？

💡 **问题描述：**

"我觉得孩子三年疫情下来，学习跟不上了，这是为什么呢？是孩子变笨了吗？"

💡 **魏老师回答：**

"疫情后孩子变笨了"——这种说法带有一定的夸张成分。不可否认，在疫情防控期间，如果孩子所在地区的学校教育不能正常开展，他只能窝在家里，那么，孩子的学习机会、社交机会甚至是体育锻炼的机会确实是大大减少了，这会让孩子各方面的能力都受到负面影响。请注意，这种影响不是只针对一部分孩子，所有经历疫情的孩子都会受到不同程度的影响。

国内外很多科研论文都显示，疫情所带来的隔离、收入下降、压力增大等次生灾害，改变了孩子的成长环境，让孩子大脑的多项能力受到了损伤。比如，国际顶级期刊《自然》（Nature）的研究发现：疫情期间出生的婴儿，在大动作、精细动作上的平均得分更低，而且，他们在类似 IQ 测试的一系列发育测试中也得分更低，言语、运动和整体认知能力都显著下降。法国的一项研究显示，连续的封锁政策对儿童的身体健康和认知能力产生了"灾难性"影响，部分参与测试的儿童的认知能力降低了 40%。国内也有相似的研究结果，上海交通大学儿童医学中心在全国范围内开展的一项针对 3～12 岁儿童的调查发现，32.1% 的儿童表现出心理健康问题，而在父母教育水平低和经济不发达地区，儿童心理问题表现得尤为明显。从这些角度来说，疫情的确对孩子造成了诸多负面影响。

不过，在所有负面影响中，我更关心的不是孩子变笨了，不是孩子认知能力下降，而是他们情绪能力和社交能力的下降，大多数家长可能都低估了这两方面能力的重要性。情绪社交能力的良好发展需要一个健全的社交场景，比如能够正常上学，能够开展正常的社会交往。这些恰恰是因疫情造成隔离时无法实现的。

不过，家长们也不必过于担心，正如我一直强调的，人类的大脑是有可塑性的，而孩子的大脑可塑性更强。后疫情时代，我们可以多做一些弥补性的工作，比如多带孩子外出，多运动，为孩子创造更多的社交机会，多关注孩子的心理健康问题，包括他们对学习的兴趣和对生活的态度。在学业方面，我们要给孩子更多的理解，减轻他们的心理压力。在和孩子的交流中，家长们也要更多地考虑亲子关系和家庭氛围。

05

顺应大脑，亲子关系大于一切

> 孩子的学习能力、自我管理能力以及与外界相处的模式，都是由孩子的内在关系模式决定的，而这种内在关系模式又是由孩子与父母的关系决定的。
>
> 好的亲子关系，是孩子一切能力的地基。
>
> 如果你期待孩子变得更好，不妨先"向内找"，检验你的陪伴方式是否科学。

拒绝无效表扬：
为什么"你真棒"没有用？

你平时会经常表扬孩子吗？你是怎样表扬孩子的？

一些传统观念认为，我们应该少表扬孩子，"严父慈母"说的就是如此。一些"严父"经常会克制自己，对表扬孩子十分吝啬。为了维持"严父"的形象，这样的爸爸即使在孩子取得了进步或小成就时，也会挑出一些毛病，给孩子泼泼冷水。他们笃信"虚心让人进步"，孩子必须要多打压才会有所长进。

另一些家长则坚定地认为，孩子一定要多鼓励、多表扬，才能不断地进步。所以，无论大事小事，无论孩子是否做得优秀，他们都像啦啦队成员一样，不停地为孩子鼓掌称赞。

还有一部分家长则比较纠结。他们一方面担心过多的表扬会令孩子骄傲自满；另一方面又怕表扬过少，孩子会缺乏前进的动力。

我想告诉大家的是，吝啬表扬和一味表扬孩子的做法都是不可取的。下面我来介绍一下如何正确地表扬孩子。

错误的表扬，适得其反

心理学家曾做过实验，发现孩子受到表扬后，大脑中和奖赏、愉悦相关的纹状体等脑区变得十分活跃，这表明孩子大脑内部的奖励机制启动了。受到表扬的孩子能更积极地去做某件事情。另有一项研究发现，当孩子表现出良好的行为时，家长越表扬他们，他们的社交技能就发展得越好。

所以，家长应该多表扬孩子，不过表扬是有技巧的，我们不能盲目去表扬。接下来，我先列举几个错误使用表扬的例子。

1. 敷衍式表扬

很多家长都注意到了表扬的重要性以及表扬所带来的好处，但是在表扬孩子时，使用的无非就是这样几句话："你真棒""宝宝真聪明，真厉害""我们宝宝是最棒的，加油"。孩子听多了，表扬自然也就不起作用了。有的孩子甚至还会想：反正我总是最棒的，那我就不用努力了。所以，敷衍式表扬并不能起到长期的正面效果。

2. 比较式表扬

有的家长在表扬孩子时，喜欢加以对比，比如"小明这么聪明都没你考得好，你才是最棒的"，或者"这次考试你表现得不错，超过了小明好多分"。在前文分析外在动机和内在动机时，我曾提到过，从大脑的奖赏机制来看，如果父母总是拿自己的孩子跟别人比较，会影响孩子行为的内在动机。如果孩子做事情只是为了争第一或者压人一头，这绝对不是一个好现象。

3. 结果导向式表扬

有的家长对孩子的表扬，只是一味地强调成绩和结果，比如"考试拿了满分，真聪明""钢琴六级考试得了优秀，你真棒""跑步得了第一，真厉害"。这都是把结果、胜负和表扬联系在一起的，这种表扬无形中给孩子传递的信息是：好的结果才能被奖赏。这会让孩子把关注点放在事情的结果而不是过程上。

过于重视结果的孩子，如果考得不理想，心态容易失衡，就会走一些歪门邪道，比如为了好成绩而作弊；而平时考试成绩不错的孩子，一看分数尚可，就失去了继续努力的动力。

4. 天赋式表扬

有些家长将结果归因于孩子的某些天生特质，比如"你真聪明""你真有能力""你真有天赋""你真有才华"。这种表扬会在无形中给孩子灌输一种固定心智，那就是"我学习好，纯粹是因为我聪明，我有天赋"。

这样的天赋式表扬，可能会导致孩子缺乏韧性，面对成功容易骄傲自负，所谓"我天生就高人一等"，一旦遭遇失败就特别容易沮丧、放弃。如果孩子认为自己优秀的根源是天赋，那么万一失败了，他就会开始否定天赋的重要性，不愿意为自己的追求而继续努力了。更糟糕的是，如果孩子优秀的一面也遇到挫折，他可能会选择放弃，因为他会认为"我没有这个天赋"。

💡 怎样表扬才是最有效的？

1. 表扬孩子要及时

表扬是一种积极的学习反馈，这会刺激大脑的奖赏机制，让孩子有更强的学习动机。但是这种反馈一定要及时，才能产生足够的动力去推动孩子进步。

当孩子做了一件值得表扬的事情后，你要第一时间去肯定孩子，强化这种行为。如果孩子今天做了好事，明天才去表扬，这种延时的反馈，会让孩子追求进步的热情大打折扣。但家长要注意，及时反馈并不是提前反馈，否则效果会适得其反。想象一下，孩子还没有去参加比赛，你就开始表扬孩子"你是最棒的""以你的能力一定可以拿满分的"，巨大的压力之下，孩子可能反而束手束脚，难以取得预期的成绩。

2. 表扬孩子的强度要合理

有的家长习惯于过度表扬，当孩子表现好的时候，家长就兴奋、夸张地赞道："你太了不起了！""简直是完美！""你太厉害了！"这种不切实际的表扬会让孩子觉得虚假、空洞，甚至还会导致孩子自视过高、过于自恋。

3. 我们的表扬不应只强调结果，而应该着重肯定孩子努力的过程

为什么表扬过程这么重要呢？

研究成长型心智的心理学家德韦克教授曾做过一个研究，她要求一群1～3岁孩子的妈妈在家多表扬孩子，尤其是要强调他们努力的过程而不是个人天赋。五年后，她发现这些孩子会勇于寻求挑战，并且在学校的表现都更为出色。

2018年美国心理学家冈德森（Gunderson）等人发表在《发展心理学》期

刊上的一项研究发现，幼儿时期获得大量过程表扬的儿童，进入小学高年级时，数学能力更出色。其中一个重要原因在于，经历过过程表扬的孩子更愿意在学业上迎接更高难度的挑战，他们擅长摆脱天赋、智商等限制，数学成绩也越来越好。

我们表扬孩子的初衷是为了激励孩子，让孩子持续进步，所以，我们更应该强调孩子努力、坚持和进步的过程。

> 孩子特别努力时，你可以说："这幅画真漂亮，你一定付出了很多努力吧！"
>
> 孩子坚持了很久时，你可以说："这个拼图这么复杂，你拼了好久，爸爸看见你非常专注，比昨天做得更好了，非常棒！"
>
> 孩子遇到问题不放弃时，你可以说："这个爬架这么高，想爬上去真不容易，你尝试了很多次都没有放弃，真有毅力！"
>
> 孩子敢于迎接挑战时，你可以说："你以前从来没有弹过这种难度的曲子，这是第一次挑战，你很勇敢！"
>
> 孩子有进步了，你可以说："你这几次舞蹈动作进步了很多，手脚配合得协调了，努力有了回报，我真为你自豪！"
>
> 孩子考试取得了好成绩时，你可以说："这次你的数学成绩又提高了，你是怎么做到的？"
>
> 孩子想出了好的创意时，你可以说："你能想到用这个方法表达自己的感受，真的很有创意。"
>
> 孩子细心地完成了作业，你可以说："做完作业你还重新验算了一遍，不错，你很认真！"
>
> 孩子做事情有条理，你可以说："我喜欢你做试卷时的条理性，一步一步地，一点儿都不慌乱。"

4．要表扬孩子的个人品质

你有没有发现，上述例子中，除了注重过程的表扬，还涉及对孩子道德品质的表扬，比如"真有毅力""很勇敢"等。这是因为，多表扬孩子的道德品质，不但会增强孩子的自尊心，还能促进孩子将这些品质内化为自己性格的一部分，这将使他们受益无穷。

另外，我们还可以表扬孩子的哪些道德品质呢？

> 夸孩子善良："你帮助了那个摔倒的小孩，真是个善良的孩子！"
>
> 夸孩子热心："你主动帮助同学找到了他丢失的书包，真是个助人为乐的好孩子！"
>
> 夸孩子守信："爸爸相信你，因为你前几次都说到做到了！"
>
> 夸孩子诚实："你承认了自己的错误，是个诚实的好孩子！"
>
> 夸孩子有同理心："你会替别的小朋友着想，真是个有同理心的孩子！"
>
> 夸孩子态度好："你做这件事的时候特别耐心、专注，这样的态度很好！"
>
> 夸孩子有责任心："你能把自己的房间整理得整洁干净，你真有责任感！"

这些都是表扬孩子良好品质的典型例子。只要孩子做出了努力，有了进步，家长就要毫不吝惜地去表扬孩子，但记住，不要敷衍地表扬！

脑科学育儿"三步走"

认识大脑

- 孩子受到表扬后,大脑中和奖赏、愉悦相关的纹状体等脑区变得十分活跃,这表明孩子大脑内部的"奖励机制"启动了。受到表扬的孩子能更积极地去做某件事情。

理解和尊重大脑

- 家长要多表扬孩子,不过表扬是有技巧的,我们不能盲目去表扬。

支持大脑

错误的表扬方式	正确的表扬方式
敷衍式表扬 比如,"宝贝真棒""真厉害"。	表扬孩子要及时,不要等到第二天。
比较式表扬 比如,"宝贝,你这次比小明考得好"。	表扬孩子的强度要合理,不要虚假、空洞、夸大其词。

续表

错误的表扬方式	正确的表扬方式
结果导向式表扬 比如,"你考了第一,真厉害"。	表扬时不应只强调结果,而应该着重肯定孩子努力的过程。 比如,"你这次成绩又提高了,妈妈想你一定是付出了很多努力吧,而且你现在审题更加认真了,妈妈为你开心"。
天赋式表扬 比如,"你真聪明""你真有天赋"。	要表扬孩子的个人品质,帮孩子把良好的品质转化为他性格的一部分。 比如,指出孩子诚实、有同理心、有责任感、乐于助人等。

科学地批评，唤醒孩子的自省能力

每位家长都曾批评过孩子，然而这种教育方式很容易让人产生困惑，有人说"不能批评孩子，那样会影响他的自信心和自我评价"，也有人说"要批评孩子，不然就没了规矩，孩子会越来越不懂事"。做家长真的好难。

那么，我们到底该不该批评孩子呢？怎样的批评方式才是可取的？接下来，我将从认知心理学的角度出发，帮你分析一下"批评"。

心理学角度的批评

批评其实是孩子做错事情后，家长给予的一种反馈。它本身不带任何情感色彩，也没有负面意义，为什么这么说呢？

家长批评孩子，说到底还是希望孩子更好地学习到某些知识或道理，或者改正某些不正确的行为习惯。和表扬一样，批评也是一种强化手段，是大脑的基本学习机制。表扬是用正反馈来强化某些行为，而批评则是用负反馈来弱化某些行为。

在这一点上，人类和动物其实是一样的。正反馈就是各种可以带来身心愉悦的事物或信息。对动物来说，正反馈可以得到食物；对人类来说，正反馈可以得到他人的认可和表扬。负反馈就是各种惩罚。对动物来说，负反馈可能意味着没有食物可吃；对人类来说，负反馈可能是身体上的惩罚或者他人的批评。在科学家眼中，不论是"胡萝卜"还是"大棒"，它们都是基本的学习信号。

但是，在教育孩子的过程中，我们不提倡体罚。暂且不说法律层面的问题，很多研究证实，体罚的效果有限而且害处颇多。比如，如果孩子在3岁时，每个月被打两次以上，等他长到5岁的时候，他的攻击性就会比其他孩子高出一半。另外，我也不提倡家长过度批评孩子，因为批评过度会给孩子的心灵造成实实在在的伤害，而这种精神伤害更甚于棍棒带来的肉体痛苦。

💡 批评有什么作用？

批评作为一种反馈信号，是一种有意义的学习信号。正确的批评能对孩子的行为产生非常积极有效的影响。那么，批评都有哪些作用呢？

首先，批评能培养孩子的规则意识。规则不仅仅包括社会规则，比如不要在公共场合打扰他人，还包括物理规则，比如不要摸电门、玩火等。不过，这些规则并不是天然就存在于孩子大脑中的，在日常生活中，家长要将这些教给孩子。当他们做错事情的时候，我们的批评就是向他们及时发出"不可以"的信号，这是必要的。有句话很流行：不在家里教育，将来孩子就会被社会教育，说的就是同样的道理。

其次，批评能帮助孩子纠正错误行为，防止进一步形成不好的行为习惯。孩子的很多错误行为，可以让他得到一些想要的东西，比如偷东西、说谎、偷懒，这些都可以给孩子带来一些暂时的好处。有的父母怕刺激到孩子，打击孩子的自信心，拒绝采取批评手段。但是，如果不及时批评，孩子的这些错误行为就会得到强化。久而久之，孩子就认为这是理所应当的行为，意识不到自己的错误。所以，我们需要运用批评这种负反馈去及时纠正孩子的错误行为。

如何正确地批评孩子

1. 正确地批评孩子，需要控制批评的次数

如果你仔细观察就会发现，那些屡教不改的孩子，往往是被父母批评得最多的孩子。父母批评的次数过多，就变成一种纯粹的情绪发泄，会给孩子的成长带来负面效果。

美国的研究人员花了三年时间，观察了2000多名5～12岁学生的在校情况。结果发现，表扬和批评的比例（PRR）越高，也就是老师表扬得越多，批评得越少，学生就会更多地关注老师，并且他们还会更多地关注自己的学习任务。这是因为，表扬和认可是培养孩子自尊和自信的重要手段。

但是，我们不能一味表扬而不批评孩子。我强调的是表扬和批评的比例要合适，反对的是批评次数过多，比如有些家长经常在孩子耳边大吼"不要做这个""不要做那个""你这个做得不对"等，这是不可取的批评

行为。

很多家长在批评孩子的时候气冲云霄，完全没意识到批评是不是过度了。我们不妨尝试记录一下批评孩子的次数，如果发现有段时间，批评孩子的次数过多，就要停止或者减少批评。如果我们只盯着孩子的某一种不良行为，家庭气氛就会变得紧张和压抑。家长在批评孩子之前，可以先表扬孩子的优点，然后再做批评。总之，我们要让孩子感受到，家长对他的认可和称赞要多于批评。

2．正确地批评孩子，关键要对事不对人

有的家长喜欢"以小见大"，会把孩子的问题行为扩展到品质上，喜欢给孩子下负面的定义、贴标签。比如，孩子没有按计划完成学习钢琴的任务，或者作业没有按时完成，家长就会脱口而出："你就是个懒孩子！"这就是不分情况乱贴标签。家长可能是随口一说，但孩子被反复说了几次后，可能就会认可了这个标签："反正我就是懒，没办法，我没法改变！"

你看，这样的标签只会让孩子把被批评的原因归咎到对自己本质的否定上——认为自己是个有问题的人，而不是只是当时做得不好而已。

家长责骂、批评孩子的初衷是让孩子意识到错误的严重性，知道及时改正。但是，过度批评只会产生两种反效果：一种是损害孩子的自尊，让孩子形成负面的自我评价，助长孩子的"固定型思维"，觉得自己能力低下——"我真笨""我是个干什么都不行的人，努力也不会有改变"；另一种是让孩子恼羞成怒，为了维护自尊而反抗父母，破坏亲子关系。

如果家长在批评的时候能做到对事不对人，就事论事地批评孩子，孩子的关注点就会落在自己的行为上——"这件事做错了"。他产生的是内疚情绪而不是羞愧情绪。内疚情绪并不会损害孩子的自尊，反而能帮助孩子抑制有害的冲动，促使孩子弥补自己的过失，学会三思而后行。

> 你今天没按时写作业，你真是个懒孩子！

> 也许我真的很懒吧。

如果孩子打碎了花瓶，我们可以说："平时你都是很小心的，今天是怎么了，能告诉我吗？"

这种先扬后抑的做法，首先肯定了孩子身上的良好品质，然后再指出问题，让孩子认为自己还是谨慎、细心的，只是偶尔出了问题，同时给孩子提供了为自己行为解释的机会。这样批评孩子，他不但不会产生自我怀疑或反抗的负面认知和情绪，还愿意去改进自己的问题，成为更好的自己。大家要记住，即使批评孩子，我们也要注意肯定孩子正面的品质，批评要对事不对人。

3. 批评要唤醒孩子内在的自省能力

家长的批评不只是给孩子提供一个"是"或"否"的反馈信号，除了明确指出孩子做错了什么，我们还要告诉孩子批评的原因是什么，为什么这么做是错的，这么做会带来什么后果。

大量研究证明，孩子的大脑天生喜欢对世界做因果推理，他对物理世界的认识是通过因果推理进行的，对社会规则的学习也是一样。他需要知道行为规范的原因是什么，过失与后果间的联系是什么。只有这样，孩子才会真正认同规则，降低日后犯错的概率。

比如，孩子在商场玩得特别兴奋，大喊大叫，家长可能会立刻批评他，让他安静下来，但是暂时解决了问题之后，我们还要跟孩子解释清楚为什么不能大喊大叫。

如果我们不解释清楚，孩子只是在斥责之下暂时压抑了自己的行为，实际上并没有内化行为规则，日后还是会三番五次犯错的。

同样的道理，如果孩子长时间看动画片，你可以阻止他、批评他，但要告诉孩子理由，比如年龄小要保护视力，动画片看太长时间影响学习等。

如果孩子撒谎了，相信很多家长都会大发雷霆，批评孩子不诚实。其

> 我们在商场不能大声喧哗，否则会打扰到别人哦，这是妈妈刚刚批评你的原因。

实，恰当的处理方式应该对事不对人："妈妈知道你特别想要出去玩，但是你应该直接跟我说，而不是撒谎说自己写完了作业。"

我们永远不要给孩子贴"不诚实"的标签，更关键的是，我们要马上给出批评的理由：

> "第一，妈妈是一个讲道理的人，你跟我说出要出去玩的想法和理由，我们可以商量；第二，撒谎是一个更大的错误，这是我们不能接受的，爸爸妈妈诚实地对待你，也希望你诚实地对待我们；第三，诚实是一种可贵的品质，诚实的人才能被人信任，被人喜欢。"

通过这样的解释，孩子明白了前因后果，就能很好地杜绝日后再次犯错。

我们可以发现，花时间解释除了能让孩子更容易内化规则之外，还有一个好处就是让孩子知道家长是讲道理的，做任何事情都是有理由的。家长要给孩子起到一个表率作用，你讲道理，孩子也会学着讲道理。而且，孩子还会觉得他的世界是可控的，用讲道理的方法可以实现自己的目标，即使自己被批评也有安全感。

有的家长批评孩子喜欢用一种简单粗暴的方式，比如"错了就是错了，再怎么解释也没用""下次再犯你就别回家了"，这种剥夺、威胁式的批评会极大地伤害孩子的安全感。短时间看，威胁是有用的；但长远来看，孩子要么就看穿了你是纸老虎，要么就会缺乏安全感。我们要时刻提醒自己：家长需要让孩子知道，父母的爱是无条件的，而批评只是帮助他了解规则，了解家长给他设定的行为边界。

4．给孩子提供具体的改进方案

这一点其实非常重要，我们只告诉孩子哪里错了是远远不够的，还要告诉孩子如何改进。尤其是学龄前以及低年级的孩子，他们的抽象思维能力有限，所以我们更要具体地教会孩子如何改进。

比如，我们在给孩子讲解试题的时候，除了分析孩子出错的原因、了解孩子的解题思路，还要告诉孩子正确的解题方法。又如，孩子打碎了花瓶，我们要告诉他日后如何避免打碎花瓶，可以选择走路更小心一些，或者把花瓶放高一些，在花瓶的底部贴胶纸等。解决问题的方法有很多，家长最好能与孩子一起讨论，这样的过程比批评本身更重要，这才是正确的批评之道。

脑科学育儿"三步走"

认识大脑

- 和表扬一样，批评也是一种强化，是大脑的基本学习机制。表扬是用正反馈来强化某些行为，而批评则是用负反馈来弱化某些行为。
- 批评作为一种反馈信号，是一种有意义的学习信号。正确的批评，可以说是影响孩子行为非常有效的方法。
- 孩子的大脑天生喜欢对世界做因果推理，他对物理世界的认识是通过因果推理进行的，对社会规则的学习也是一样。他需要知道行为规范的原因是什么，过失与后果间的联系是什么。只有这样，孩子才会真正认同规则，降低今后犯错的概率。

理解和尊重大脑

- 正确的批评不但能培养孩子的规则意识，还能够帮助孩子纠正错误行为。

支持大脑

- 控制批评的次数，让孩子感受到家长对他的认可和称赞要多于他本身存在的问题。

- 批评要对事不对人，只描述事实，不给孩子贴标签，不升级到孩子的品质上。批评时要先扬后抑。
- 批评要唤醒孩子内在的自省能力。家长要让孩子知道自己为什么错了，认同规则，这样才能降低犯错的概率。
- 批评之后要和孩子一起商量具体的改进方案。这一点比批评更为重要。

优势养育，让孩子成为他自己

养育孩子时，你更关注孩子的优势还是劣势？或者说是更倾向于扬孩子之长，还是补孩子之短？据我观察，大部分家长更倾向于后者。比如，很多家长总是怕孩子"翘尾巴"，有人夸孩子舞蹈跳得好时，家长会赶紧回应"她画画要是能赶上舞蹈就好了"。家长的用意是希望孩子能正视自己的不足，但孩子正高兴着，听父母这么一说，可能连自己擅长的舞蹈也不想跳了。父母这样做的出发点是好的，但方法错了，与强调孩子的劣势相比，我们更应该去放大孩子的优势。这就是我接下来想与大家分享的"优势养育"。

💡 提倡优势养育，优势养育的"优势"是什么？

人类的大脑会天然地更关注负面信息，这是因为我们的祖先需要通过识别"哪里不对劲儿"来获得更多的生存机会。不过，如果家长把这种本能移植到育儿上面，就不太合适了。某社区网站上有个"父母皆祸害"的讨论小组，人数一度高达 12 万之多，里面有很多年轻人纷纷留言：我爸我妈只会打击我，从来没有认可过我。

过度关注孩子的负面行为，会让他们紧张、沮丧甚至自卑。《优势教养》这本书中有一句话很有道理："关注负面能让我们在危急时刻幸免于难，而关注正面却能让我们在更多时候大放异彩。"

孩子能均衡发展，想必是家长们的夙愿。不少家长都听说过"木桶理论"，这个理论说的是木桶最短的木板，决定了它的盛水量。于是，一些家长就把这个理论移植到养育孩子上面，希望能弥补孩子的不足，补齐孩子的短板。实际上，比起弥补不足，将优势发挥到极致才更能决定孩子以后人生的高度。

为什么这么说呢？

首先，孩子展现自己优势的时候，自然会收到更多的鼓励与表扬，这将会提升孩子的自信心，从而带动他们其他方面的发展。比如，爱跳舞不爱画画的孩子，家长逼迫孩子去学画画，很可能最终这两样都没有学好。家长们要明白，弥补劣势的方式并不能让劣势变为优势，而且极有可能让孩子的优势变得平庸。

其次，研究发现，优势养育的好处有很多。比如，优势养育能让孩子的幸福感更高，将来获得更高的成就，孩子的抗挫折能力也会更强。所以，我们常说要取长补短，但其实更应该重视"取长"。我们要把注意力集中于发挥孩子的优势上面，让孩子能够主宰自己的人生，而不是一味地弥补他的劣势，这样只会得不偿失。

💡 发挥优势，让孩子的优势变"优秀"！

如何发挥孩子的优势，让优势变得更优秀呢？我给大家提供几条建议。

1. 发现并保护孩子的兴趣，从而进一步培养优势

发挥孩子优势的前提是发现孩子的长处和兴趣点。不过，有些家长受到某些社会机构的蛊惑，选择皮纹检测、基因检测、脑波测评这样的方式去评估孩子的智商和优势特长。我再次强调，孩子比机器复杂得多，越是听起来很高端，还会明确地告诉你结论的技术，我们就越要警惕。

美国认知科学家斯科特·巴里·考夫曼研究发现，孩子的兴趣不光取决于基因，同时受成长环境、心理状态的影响。基因对孩子的偏好影响是显而易见的，比如有些孩子喜欢安静的活动，有些孩子喜欢和人打交道。另外，天赋能力高的孩子在某个项目上，更容易取得立竿见影的成绩，这样他的学习动机也会进一步增强。

但我想告诉大家的是，环境常常会影响孩子的基因表达。也就是说，一个孩子即便有音乐方面的天赋，受周遭环境的影响，也可能会对音乐有排斥心理，导致他对音乐不感兴趣。所以，环境非常重要，家长要为孩子提供一个适宜成长的环境。

那么，发现孩子兴趣最好的方式是怎样的呢？那就是不带目的和功利性地"玩"，从中多观察孩子，总结他的行为特点。上学的孩子自由活动的时间并不多，家长可以在这段时间里，看看孩子爱干什么，做哪些事情特别投入。另外，家长也可以和老师们聊一聊，了解在学校的时候，自己的孩子对哪方面事物更感兴趣。

有的家长给孩子报了大量的兴趣班，试图通过"广撒网"的方式选择

孩子感兴趣的项目，这本无可厚非。但还是要提醒家长们，兴趣班并非越多越好。

的确，通过兴趣班的训练，孩子能够获得更多的技能训练，如钢琴、乒乓球、棋牌等。但是，孩子的时间是有限的，任何一项技能的习得都需要耗费大量的时间和精力。家长应该意识到，参加的兴趣班太多，孩子就没有时间深入地练习，也就不可能在某一领域有突出表现，反而会给孩子一种"我什么都做不好"的错觉，最终会导致孩子对各类培训失去兴趣。

在接触过很多家庭之后，我发现孩子兴趣的萌芽，有时候是在家长急迫和混乱的选择中被扼杀了。所以，与其给孩子报大量的兴趣班，不如通过对孩子的观察，锁定两三个领域，再通过相应的兴趣班持续稳定地训练，来判断孩子是否真的有兴趣。

2．帮助孩子选择兴趣和能力匹配的方向

发现孩子的兴趣所在后，我们还要观察孩子有没有这方面的潜能。兴趣是孩子喜欢的，潜能则是孩子擅长的，二者的交集才是孩子的优势所在，找到这种优势，孩子成功的概率将极大提升。

近几年，我参加过很多专业选择和职业规划的讲座。生涯规划在国内还是一个比较新颖的概念，通常只有在填报高考志愿时才会被提及。但实际上，很多发达国家在孩子很小的时候，就开始做生涯规划了。

比如在英国，孩子的职业启蒙设定在13岁；日本的职业启蒙始于幼儿园；美国的《国家职业发展指导方针》规定职业启蒙从6岁开始。生涯规划的一个重要前提，就是要了解并匹配孩子的兴趣与能力。一般来说，0～6岁，是发现天赋的阶段；6～12岁，是培养兴趣的阶段；12～18岁，则是规划未来的阶段。这个规划，不是父母一厢情愿的计划，而是让孩子在父母引导下思考自己的未来。如果孩子早点儿懂得规划，在将来学业及学校的选择上就不会被动，就能掌握人生的主动权。

那么，家长应该如何发现孩子的潜能呢？

我的建议是，多带孩子接触不同的事物，从中观察他的行为表现。家长们要清楚，人在某个方面的能力是由很多种子能力和认知模块决定的，比如科研能力可能是由智力、毅力和乐观、好奇心决定的，这些子模块的基因基础非常复杂，仅凭如今的科技是难以做出判断的。所以，判断孩子的能力如何，还需要家长在育儿过程中慢慢发现。

我建议大家可以从三个方面入手：

> 一是观察孩子提出的问题。在不同领域中，孩子的行为表现是不一样的，比如在数理逻辑上天赋强的孩子，就会表现得好问好学，一些研究表明，发明家、科学家从小就表现得比同龄人爱问问题。
>
> 二是观察孩子在哪方面比别人更擅长，不费吹灰之力就可以比别人做得更好。
>
> 三是观察孩子有哪些出乎意料的惊人之举，这可能就是孩子与众不同的地方，也就是我们常说的天赋。

3．用客观和发展的眼光看待孩子的劣势

（1）客观地评价孩子的优势和劣势

有些家长或许会问，优势养育就是只重视孩子的优势，不用在意孩子的劣势吗？答案是否定的。从优势出发，并不意味着我们要无视劣势，而是从客观的角度，以发展的眼光看待劣势。

什么是客观的角度呢？

所谓的优势与劣势，是从孩子在人群中的相对比较来讨论的。每个个

体都是独特的，孩子有优势的地方，自然也会有相对劣势的方面，我们要让孩子认识到这一点，同时要让他们知道，短板并不是什么缺陷，没有人是十全十美的。不管什么时候，当孩子表露出对自己某方面劣势的自卑和缺乏自信时，我们都要告诉他们：任何人都有擅长和不擅长的事情。如果孩子在某些方面落后于别人，家长千万不要掩饰，甚至还刻意表扬孩子。这就是所谓的从客观角度来看待孩子的劣势。

（2）保持耐心，静待花开

用发展的眼光看待劣势，这不仅是对家长的要求，也是对孩子的要求，我们要教他们学会正确地看待自身的劣势。所谓的劣势并不是一成不变的，尤其对于孩子而言。比如人的智商发展，就是一个典型的相对能力指标，是衡量孩子在同龄人中智力水平的一种手段。智商会随着孩子的成长而有所发展，3岁孩子的智商和5岁时可能就不相同。也就是说，孩子

> 宝贝，你爆发力一般，所以短跑时速度不算快，但是你耐力好，长跑时速度很稳定，这是你长期坚持锻炼的结果，妈妈为你骄傲！

在同龄人中的相对排名是会变化的。

其实，任何能力的发展都是如此，孩子某一项能力的发展存在快和慢的情况。有的孩子在 3 岁时，音乐能力并不突出，可能当时是劣势，但是到了 5 岁时，他突然对音乐有了感觉，表现出超出一般水平的能力，这种情况是完全可能存在的。

针对孩子劣势项目的发展，家长要保持耐心，可以用发展的眼光告诉孩子，让他学会接纳自己的暂时落后。有一点家长们要切记，千万不要盲目给孩子贴标签，比如孩子 3 岁的时候，你发现他的音乐能力不行，就认为他没有音乐天赋。这种用静态的眼光育儿的态度是不可取的，会对孩子的成长和发展起到不小的负面作用。

用发展的眼光和态度对待孩子的劣势项目，也是我曾经提及的成长型思维的一部分。即使是孩子当下能力较弱的项目，同样可以通过努力来改善。家长们要告诉孩子，只要努力了，哪怕追不上其他孩子，也值得肯定和表扬，这能帮助孩子克服其在劣势方面的不自信。

脑科学育儿"三步走"

认识大脑

- 人类的大脑会天然地更关注负面信息,这是因为我们的祖先需要通过识别"哪里不对劲儿"来获得更多的生存机会。不过,如果家长过度关注孩子的负面行为,则会让孩子紧张、沮丧甚至自卑。
- 孩子的兴趣不光取决于基因,还受成长环境和心理状态的影响。

理解和尊重大脑

- 孩子展现自己优势的时候,自然会收到更多的鼓励与表扬,而这会提升孩子的自信心,从而带动他们各方面的进展。
- 优势养育能让孩子的幸福感更高,将来获得更高的学术成就,孩子的抗挫折能力也会更强。
- 我们常说要取长补短,但其实更应该重视"取长"——把注意力集中于发挥孩子的优势上面,让孩子能够主宰自己的人生。

支持大脑

- 发现并保护孩子的兴趣,从而进一步培养优势:不带目的和功利性地"玩",在玩中多观察孩子,总结他的行为特点。

- 帮助孩子选择兴趣和能力匹配的方向：观察孩子提出的问题，观察孩子在哪方面比别人更擅长，观察孩子有哪些出乎意料之举。
- 用客观和发展的眼光看待孩子的劣势：短板并不是什么缺陷，没有人是十全十美的。"劣势"并不是一成不变的。

和孩子站在一起，营造安全的环境

前面我所分享的知识和经验，涉及孩子的生活、学习、兴趣爱好、情绪社交等方面，加在一起就是孩子成长的每个瞬间，也是养育孩子的每分每秒。其实，所谓养育，就是我们与孩子之间的有效互动。

那么，如何建立有效的互动呢？有效互动的基础是孩子愿意信任父母，愿意听取父母的建议，愿意和父母沟通。这个科学养育的基础，就是我们通常所说的亲子关系。

💡 什么是亲子关系？

很多研究者会从依恋理论出发研究亲子关系。依恋理论主张主要抚养者（通常是妈妈，也可以是其他亲人）和孩子之间的依恋关系可能会影响到孩子成年后与他人之间的交往，特别是会影响孩子未来和亲密伴侣的互动。依恋在这里被定义为和抚养者之间的安全关系,比如孩子在陌生环境里,和妈妈短暂分开后,如何表达自己的安全感,是否焦虑,妈妈出现后表现出接纳还是排斥等。

不过,最新研究发现,孩子小时候的依恋表现和他长大以后与他人的关系存在某种联系,但并不能完全预测。因为孩子未来和他人的交往,还受到基因和人生经历的影响。多孩家庭的家长都知道,不同孩子的气质差别极大,天生的差异会影响家长和孩子之间的互动。可以说,照料方式和孩子的基因相互作用,最终塑造了依恋关系。不过,我要强调的是,依恋理论中涉及的亲子关系中的安全感,对育儿来说还是非常重要的。

对于婴儿阶段,研究者们主要是从依恋理论出发研究亲子关系。孩子两岁以后,更多的研究是强调亲子关系的两个维度,一个是父母对孩子需求和表达的响应程度,另一个是对孩子的要求和管教的强度,两个维度都和家长的养育风格有关。正是这两个维度,确定了四种养育风格——权威型、专制型、放纵型、忽视型。前面我们已经提到过权威型家长更有利于孩子的发展。

值得注意的是,响应程度和管教程度都要适度。响应度过高,家长容易溺爱孩子;响应度过低,家长就会冷漠对待孩子,甚至是拒绝或充满挑剔的,这属于忽视型的家长。管教程度过高,家长容易变得专制;而管教程度过低,家长又会过于放纵孩子。

响应适度、管教适度的亲子关系如同一只戴着天鹅绒的铁手,是兼顾爱和规则的。我们一方面要给予孩子安全感,给孩子温暖和被接纳的感受,经常从孩子的角度思考问题;另一方面,我们也要制定合理的规则,在孩子的能力范围内,向他们提出要求,在保持底线和原则的同时,给孩子一定的选择权和自主权。

建立良好亲子关系的重要性

首先,大量研究表明,亲子关系会影响孩子在人际关系和学业成绩上的表现。相对于其他类型的父母,权威型父母培养出来的孩子更乐于助人,有自控力,有毅力,学业成就更高。

我发现,有很多家长非常重视孩子的学习,却忽视了亲子关系。实际上,亲子关系对孩子学习成绩的影响非常大。比如,孩子喜欢某位老师,就更可能喜欢这位老师上的课;相反,如果孩子害怕或讨厌某位老师,肯定对他的课程没有兴趣,严重的还会引发厌学心理。孩子是否亲近某位老师,会对他的学业造成重大影响。同样地,既然"父母是孩子最好的老师",如果孩子和父母之间的关系是密切而融洽的,那么,他的生活和学习往往也会很顺利。

其次,良好的亲子关系还可以促进孩子的大脑发育。亲子互动过程中,家长和孩子的大脑活动是同步的,这种同步会让孩子更好地学会情绪调节和社交合作。

亲子互动的四个原则

对于家长来说,应该如何取得孩子的信任,让孩子愿意亲近自己呢?我们可以认准四个原则——敏感、快速、温暖、接纳。

1. 亲子互动要敏感

敏感,并不是要大家随时紧盯着孩子,一有风吹草动就盲目地做出回应,也不是一味迎合孩子所有的需求,而是在充分了解孩子的情况下,对他的需求做出适当的响应。事实上,我们很多家长都过于敏感了。

举个例子,我的大女儿暑假快要结束的时候,作业还没有完成,其中最令她头疼的就是作文。我知道,这主要是因为她的视觉想象力不够,很难构想出栩栩如生的故事场景,也无法将之转换成文字。所以,她外在的行为表现就是对着作业发呆,宁愿先去做数学题,也不动手写作文。

对于她的这种情况,我并没有急于去批评她,而是跟她说:"你的作文,我能帮你点儿什么?"她对我的关心表示欢迎,非常乐意我来帮助她一起勾勒作文的故事线。

于是,我就趁热打铁,继续问她:"上周我们去了公园,你见到了什么?印象最深的是什么?"这时,女儿就开始努力回想,然后把自己的所见所闻及当时的感受说出来,这样一来,作文的故事线就有了,她马上就能动笔去写了,而我全程没有替她写一个字,更没有打断或者批评她。

这种恰当的与孩子日常相处的方式,是建立在父母对孩子心智特点以及脾气性格十分了解的基础之上的。

如果家长能敏锐地洞察孩子的需求,预测孩子的行为,就能采取合理的方式去回应孩子。而这种恰当的处理方式,来自我们平时对孩子的各种活动、情绪信号的观察所积累的直觉判断。

2. 父母的回应要快速、及时

你有没有一边带孩子一边做家务、看手机或办公的经历?这种时候,我们就可能无法及时地回应孩子的需求,或是在回应的时候心不在焉,甚至完全忽视孩子的需求。

脑科学中有一个原则,即任何反馈信号如果不能及时地传递给大脑,那么它的效力基本上就会变为零。所以,当孩子向家长求助或者他的行为已经表达出了需要家长介入时,我们最好能够及时回应。前文曾提及,对孩子的表扬要及时，不及时的表扬会失去效果。同样，当孩子遇到困难时，我们也要及时帮助他们解决问题，这样才能平复孩子的情绪。另外，在孩子提出问题时，我们也不能敷衍了事，否则会影响孩子的求知欲和探索欲。

家长们至少可以做到一点，即如果当时自己的状态或情绪很差，也应当认真坦诚地与孩子沟通，否则孩子对你的信任度就会慢慢降低。

我们的回应并不一定是马上解决问题，但我们可以及时地告诉孩子："我暂时没办法解决你的这个问题，但是我已经知道了，过一会儿再帮助你好吗？"这种及时的响应能给孩子一种可以依赖的感觉，会增进你们之间的信任。以后当孩子面对问题或需要帮助时，他就会主动求助于父母。

3. 亲子互动要温暖

在确认了父母会全身心地爱自己、关心自己并值得信任和依赖后，孩子才能和父母建立起安全型的依恋关系。亲子互动要温暖，并不是指家长天天要对孩子笑脸相迎，而是指我们要给孩子一个正面的反馈，要发自内心地欣赏孩子的进步，无论是语言上的鼓励还是实时的帮助，我们要让孩子感受到父母给他的无条件的爱。

现实中，亲子互动主要存在两个误区：

一个误区是有家长认为，如果批评孩子、斥责孩子，就会损害亲子关系。其实不然，我之前提到过，即使是批评，只要不过分，不给孩子贴标签，不盲目发泄自己的情绪，就不会损害亲子关系。我反复强调，家长的批评要给出具体原因，要提出建设性的改进方案，让孩子明白你是"对事不对人"。这样孩子才能感觉到家长是爱他的，批评他的目的是帮助他成为一个更好的人。

另一个误区是所谓的"严父慈母"，很多家长认为，家中必须要有扮"红脸"的一方，这样才能震慑住孩子，其实这完全没有必要。父母任何一方都可以对孩子表现出温暖，给予孩子欣赏与认可，这并不会让孩子产生骄傲之心或者损害父母的权威。

4. 亲子互动中要正确接纳

在亲子互动中，家长们还要学会正确地接纳孩子，这一点非常重要。

这里的接纳孩子主要有这样几个层面：

首先，家长要能接受孩子原本的样子，正确看待孩子的优势和劣势，明白孩子是与我们不同的个体。

其次，我们要能接纳孩子的情绪，让孩子明白家长能理解他、关心他、帮助他，而不是指责他不应该有负面的情绪反应。比如，你本来答应孩子周末去游乐园玩，结果由于下雨无法出行，孩子就大哭起来。有的家长看到孩子哭，顿时火冒三丈，认为孩子是无理取闹。我曾经说过，我们不能用成年人的思维方式去思考问题，我们要求孩子有同理心，而我们自己也要设身处地站在孩子的立场上看问题。学会接纳孩子的情绪，才能实现与孩子的良好沟通。

最后，我们对孩子的接纳要切切实实落实在日常生活中。比如，我们要让孩子明白，无论发生了任何冲突或矛盾，都可以找家长商量。我们和孩子可以各自讲出自己的理由，让孩子明白我们是可以接纳他的观点的，这种沟通从孩子三四岁时就可以开始了。

亲子关系是在日常互动中逐渐形成的，良好的亲子关系能打开我们与孩子之间沟通的大门，同时有利于孩子的大脑发育，有助于孩子在学习、情绪及社交等方面能力的提升。所以，家长一定要用科学、合理的方式，与孩子建立并保持密切的亲子关系。

脑科学育儿"三步走"

认识大脑

- 亲子关系会影响孩子在人际关系和学业成绩上的表现。
- 良好的亲子关系可以促进孩子的大脑发育。亲子互动过程中,家长和孩子的大脑活动是同步的,这种同步会让孩子更好地学会情绪调节和社交合作。

理解和尊重大脑

- 相对于其他类型的父母,权威型父母培养出来的孩子更乐于助人,有自控力,有毅力,学业成就更高。

支持大脑

- 亲子互动的四个原则:亲子互动要敏感;父母的回应要快速、及时;亲子互动要温暖;亲子互动中要正确接纳。

别做"全年无休"的妈妈

这几年,社会上流行起一个词——"丧偶式育儿"。"丧偶式育儿"说的是父亲在育儿方面的参与度极低,又被戏称为"隐形爸爸"。毫无疑问,这个词戳中了很多妈妈的痛处。

作为两个孩子的父亲,我深深地明白,养孩子是一件特别不容易的事情。3岁之前,大多数孩子都需要有人贴身陪伴,迫于无奈,很多职场女性成为"全职妈妈",即使不是全职,妈妈在家庭育儿中,往往也是投入更多的那个人。《2020年中国家庭育儿市场发展趋势研究报告》显示:妈妈群体陪伴孩子的时间最长,30%的妈妈每天陪伴孩子超过4个小时。在很多家庭中,妈妈都是带娃主力,而爸爸则是辅助性的角色。爸爸们工作的确很辛苦,有人需要"996",可妈妈这份职业却是每天工作24小时,一周工作7天,真是7×24小时全年无休。

养育孩子不应该是妈妈一个人的事,也不能是妈妈一个人的事。下面我来详细讲讲其中的原因。

💡 一个人养育孩子的弊端

实际上，不仅是在国内，全世界的妈妈都在育儿中投入更多。美国有一项研究，调查了1993—2008年具有大学学历的女性家长，发现她们每周的育儿时间从12小时上升到了21小时。2003—2007年，她们在"育儿管理"——计划、组织、协调、安排、监督孩子的学习生活上投入的时间增加了130%。长时间高强度的操劳给她们带来了很多情绪问题，据统计，美国大约有十分之一的女性会患上抑郁症，这是一个很高的比例。虽然中国没有类似的统计，但妈妈们的抑郁问题同样应该引起关注。

有研究者认为，作为孩子的主要照顾者，母亲抑郁的后果可能会延伸到孩子身上。比如，高度抑郁的母亲不会像普通母亲那样，在情感和物质上给予孩子必要的支持，这会对孩子的认知造成一定影响，这种影响在智力测验结果方面也有所反映。以言语智商为例，患有严重抑郁症的母亲，其孩子的平均言语智商得分为7.3，而没有抑郁症的母亲，其孩子的得分则为7.78。还有研究发现，即使母亲患有轻度抑郁，也会对孩子造成一定影响。

母亲的情绪和心理问题除了会对孩子造成不利影响外，对婚姻和家庭也是一个巨大的隐患。母亲承担得越多，就越显得父亲角色的可有可无。作为一个丈夫和父亲，我想告诉各位妈妈的是，养孩子不是女性一个人的事，千万不要凡事一肩挑。经营婚姻、养育孩子，追求的是父亲、母亲和孩子三方共赢的局面，这是整个家庭的事情。

一部分妈妈选择独自育儿的原因在于，她们觉得爸爸照看孩子碍手碍脚、越帮越乱。实际上，这是一种偏见。其实，爸爸参与育儿是有生物学和神经学基础的。科学研究发现，在孕期和当父亲的前六个月，母亲和父亲体内都会分泌更多的催产素，更有意思的是，父母增加的催产素的量是相同的。催产素具有绑定情感的作用，比如你要爱上某个人，想要和其建立亲密的情感关系，就需要催产素的帮忙。也就是说，爸爸在妈妈孕期和育儿初期分泌的催产素，实际上为与孩子建立关系奠定了必要的基础。与此同时，爸爸体内的抗利尿激素也在增多，这一指标的增长与同理心的提升有关，这将增强家长和孩子交流互动的兴趣。

上述这些神经递质的活动表明，爸爸的大脑正在为成为一个有爱心、会照料人的角色做准备。此外，爸爸的神经网络也在发生着变化：一是共情网络和边缘系统核心网络的活动在增强，社会情绪中枢开始对孩子的安全以及与孩子相关的互动更加敏感；二是心智化网络——思考他人和自己心理状态能力的相关网络——活动也开始增强，这是由于育儿过程中需要父母具备理解婴幼儿内心状态的能力。

总的来说，孩子出生前后，爸爸已经有了与妈妈共同照料孩子的生理和心理基础。我们有理由相信，如果孩子爸爸的育儿参与度比较低，并不是其大脑或者心理不适合育儿，而是受社会风俗习惯、家庭文化及个人意愿的影响。

💡 爸爸参与育儿，好处多多

下面我想告诉大家的是，无论是对孩子还是对整个家庭，爸爸参与育儿的好处是非常多的。

1. 父亲能带给孩子健康、独立和冒险的精神

父亲是力量的象征，爸爸带孩子玩，不仅能让孩子掌握各类运动技能，而且对孩子的骨骼、肌肉的健康发育都有促进作用。有研究发现，不

经常接触父亲的孩子,在身高、体重和动作技能等方面都远不如同龄的小伙伴。国外有研究还发现,这类孩子患哮喘和其他疾病的概率也更高。

另外,父亲带给孩子的不仅仅是健康,还有独立和冒险的精神。我们通过观察亲子互动的模式就会发现,母亲照看孩子,通常会将孩子温柔地搂在怀里,亲昵地聊天或讲故事,而父亲则会与孩子一起打打闹闹、玩游戏。父亲与孩子的相处能让孩子更独立、更开放地应对外界陌生的环境。在困难面前,孩子也能表现出更强的承受力和修复力。

2. 父亲对孩子的性别角色和社会性的发展有积极影响

有研究发现,父亲的教养投入程度越高,孩子就越容易拥有积极的同伴关系,这可能是因为父亲的幽默和力量感能帮助孩子形成更健全的人格。而且,孩子的模仿学习能力是非常强大的,他会通过父母的榜样强化作用来构建自己的性别角色。比如,男孩会通过对父亲的观察模仿,形成自身对于男性角色行为与品质的认知;而女孩观察父亲的行为后,即便不会有行为上的模仿,也会记住这样的行为模板,将来在选择伴侣的时候,她可能会将其作为衡量标准。也就是说,父亲可能成为男孩的直接榜样或者女孩的择偶标准,所以,父亲对孩子的影响是极为深远的。

3. 父亲的参与还对孩子的成绩和未来发展有直接影响

国外的一些研究数据非常惊人,在父亲陪伴下长大的孩子,在学校得A的可能性要高出39%,留级的可能性会降低45%,被停学或开除的可能性会降低60%,上大学和高中毕业后找到稳定工作的可能性会提高两倍。研究发现,父母相互配合与支持,共同养育孩子,有共同的教养目标、教养理念和方法,他们的配合程度越高,孩子出现行为问题的可能性就越小。

除了对孩子有益,父亲参与孩子的养育,其自身也能获得乐趣和成长，还能提升妻子对婚姻的满意度。所以，爸爸育儿是一件一举多得的事情。

💡 给爸爸参与育儿的建议

爸爸应该如何参与育儿呢？我给大家提供以下几条建议。

1. 尽早让父亲参与育儿

前文已经介绍过，在孩子出生前后，爸爸就已经具备了参与孩子养育的生理和心理基础，此时爸爸的可塑性最强。英国曼彻斯特大学的一项研究发现，如果在孩子出生的前九个月中，父母能平均分担育儿工作，那么等孩子长到3岁后，父亲就会更加积极地参与育儿。也就是说，一开始就让孩子父亲参与育儿活动，他日后的积极性会更高。这很容易理解，一个人在一件事情上投入得越多，那么他的责任感和成就感也就越强。

我建议妈妈们可以让爸爸们从简单的、他们擅长的事情做起，比如和孩子一起游戏、带孩子一起运动等，然后逐渐放手。妈妈们也可以给孩子和爸爸们制造一些属于他们的特殊空间，比如每周末孩子和爸爸一起打球。这样不仅能增进父亲和孩子之间的感情，还能缓解家长的压力，放松身心。

2. 为爸爸提供尽可能多的参与育儿的机会

孩子妈妈要时常跟爸爸同步信息，让他知道孩子日常需要做些什么，孩子有哪些生活规律和习惯，幼儿园或学校的要求是什么，孩子近期有哪些进步，遇到了什么问题，需要注意哪些问题等。这样做的目的有三：一是让爸爸获得参与感；二是让爸爸知道，带孩子并不是一件容易的事情；三是当孩子需要爸爸的时候，爸爸能随时出现。

为了让爸爸更好地参与到育儿中，妈妈还要和爸爸明确划分任务，并且对任务的要求达成一致，这中间可能需要经过多次磨合。比如，早上由妈妈负责准备早餐，爸爸负责给孩子穿衣服，做好去幼儿园的准备。妈妈认为这些事情爸爸已经耳濡目染、习以为常了，但爸爸在给孩子穿好衣服、洗完脸、刷完牙，准备出门时，却发现孩子没有喝水、没有上厕所、忘记带书包……这样的事情是不是也曾发生在你家孩子爸爸身上？

在这里，我有一个建议，育儿任务分工越明确、越具体，就越便于爸爸去执行。爸爸作为新手参与育儿，需要妈妈的细致指导。爸爸刚开始参与育儿，的确会遇到很多麻烦，但妈妈要相信，既然爸爸能处理好公司烦琐的事情，也一定有能力处理育儿这件事。只是，妈妈需要给爸爸充足的时间和机会。

3. 给爸爸一个良好的态度和积极的反馈

我给大家透露一个秘密，爸爸其实跟小孩一样，你越鼓励和表扬，他们的参与度就越高，这是有研究支持的。一项针对上海市父亲参与育儿状况的研究发现，如果孩子母亲经常鼓励丈夫与孩子交流互动，父亲的参与水平就更高。国外的一项研究也发现，妻子对丈夫育儿的态度和评价，会对丈夫产生重要影响。如果妈妈对爸爸育儿持消极态度，那么，爸爸参与育儿的程度就比较低。

有位妈妈曾经跟我说，微信朋友圈发布爸爸带孩子的动态，或者当众表扬爸爸，非常有效。她的微信朋友圈里，经常发布爸爸带娃的照片，并配上这样的话："父子俩去爬山，我约了闺密喝茶。下山的时候坐了缆车，孩子可高兴了。'别人家的爸爸'在我家！"要不就是"陪作业这种事就得我家爸爸上，遇事冷静，心脏强大"，然后为孩子爸爸点赞。有了这些积极的反馈,爸爸带娃的热情就越来越高涨了。

父母共同育儿可以说是一个全球大趋势,家长在育儿中要做好配合,互相支持,成为最佳队友,这样才能实现科学养育。

最后,我把依恋理论之父约翰·鲍尔比的观点送给大家:"照顾婴儿和小孩绝不是一个人的工作。如果孩子的主要照顾者想把这个工作做好,且不至于过度消耗,那么他或者她就需要大量的帮助。"

脑科学育儿"三步走"

认识大脑

- 孩子出生前后,爸爸已经有了共同照料孩子的生理和心理基础。
- 如果爸爸的育儿参与度比较低,这并不是他的大脑或者心理不适合育儿,而是受社会风俗习惯、家庭文化及个人意愿的影响。

理解和尊重大脑

- 父亲参与养育的好处很多:带给孩子健康、独立和冒险的精神,对孩子的性别角色、社会性的发展有积极影响,对孩子的成绩和未来发展有直接影响。

支持大脑

- 尽早让孩子父亲参与育儿。
- 为爸爸提供尽可能多的参与育儿的机会。
- 给爸爸一个良好的态度和积极的反馈。

父母必备的脑科学育儿线路图

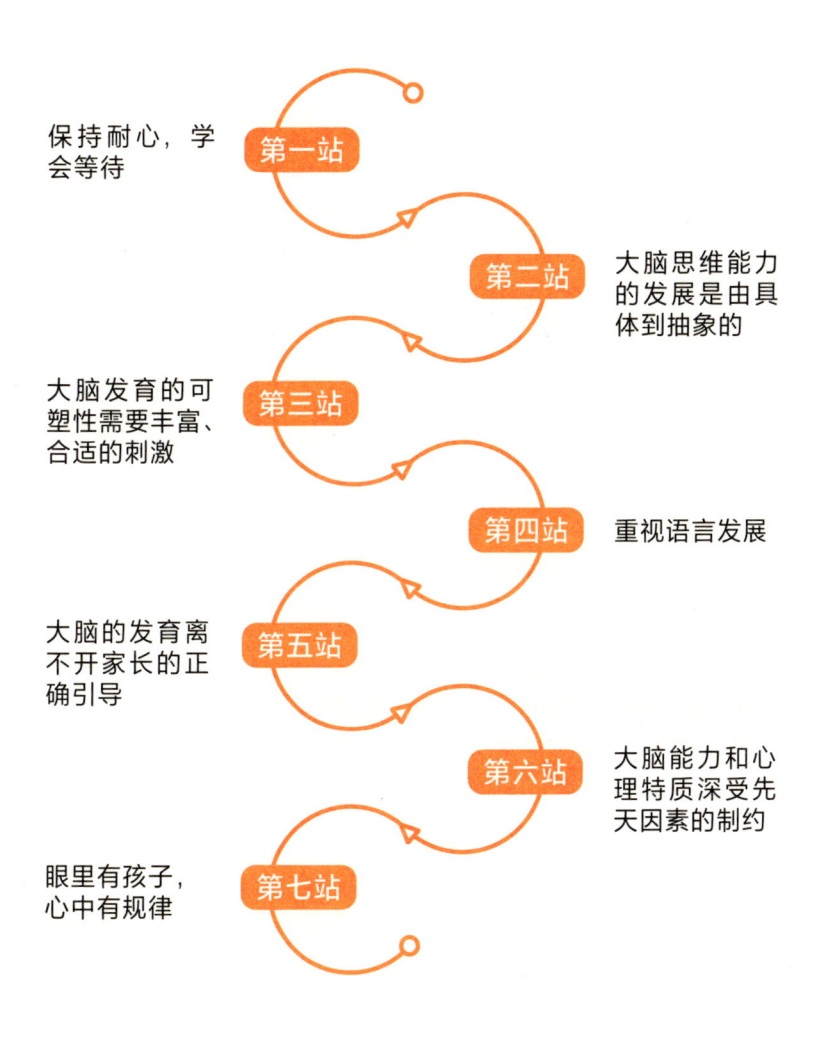

- 第一站：保持耐心，学会等待
- 第二站：大脑思维能力的发展是由具体到抽象的
- 第三站：大脑发育的可塑性需要丰富、合适的刺激
- 第四站：重视语言发展
- 第五站：大脑的发育离不开家长的正确引导
- 第六站：大脑能力和心理特质深受先天因素的制约
- 第七站：眼里有孩子，心中有规律

本书的最后一节，我来和你聊一聊孩子到底应该"照书养"还是"照猪养"。

"照书养"可以吗？孩子是人，不是机器，照搬全抄肯定不可取。更何况，每个孩子都是独一无二的，书中只能告诉我们大致的规律和方向，具体的方式方法只能依靠父母的观察和思考。

"照猪养"可以吗？一些生二胎的父母常常调侃自己，说养二胎是"照猪养"。这实际上是因为家长有了养育孩子的经验后，对孩子的发展阶段有了了解，就不会像生养第一个孩子时那么慌张、不知所措了。这与真正的"照猪养"——生而不养是完全不同的。

那么，我们到底该怎么养育孩子呢？我的答案是：遵循科学规律，正确地"照书养"。

书，其实是指以脑科学、心理学为基础的养育方面的科学成果。以本书为例，我在书中讲解了大量和儿童大脑发展、身心发展有关的规律和研究成果，也介绍了很多可以帮助孩子发展各项能力的方法。相信读完书的你，一定会发现书中各个章节之间的内在联系。本章最后一节，我将对前面的章节进行梳理，给大家设计一幅脑科学育儿线路图。有了这个线路图，基本上可以掌握儿童发展最重要的几大规律，可以正确地"照书养"了。

💡 第一站：保持耐心，学会等待

一些家长喜欢攀比，喜欢超前学习。比如，有的孩子还在上幼儿园，却已经提前学完了小学的学科内容，这是我绝对不提倡的。客观地说，只有极少数天赋出众的孩子能做到超越年龄阶段，去提前学习学科内容。即使对于这样的孩子，我们也要明白：必须要保护孩子的学习兴趣，千万不要为了学习教材内容，损害了孩子学习的兴趣及其他方面的发展。

看完本书的家长们应该都会形成一个共识：人的大脑能力的发展是有底层规律的，我们要尊重这些规律。尤其是我在书中屡次强调过的注意力、记忆力、执行功能和情绪管理等能力的发展，更需要时间和耐心加以培养。

家长们通常对肉眼可见的能力比较有耐心，比如坐、爬、站、走这类运动能力，因为它们的阶段发展特点比较清晰。而认知、情绪这样的能力，看不见、摸不着，我们容易给孩子提出不切实际的要求和期待。但是，家长们也要明白，揠苗助长对孩子没有任何好处，尊重规律、循序渐进才能事半功倍。

在讲注意力的时候我说过，孩子的大脑还没有发育完全，3～5岁的孩子能集中注意5～20分钟的时间都是正常的。所以，一些家长希望孩子3岁前能够做到老老实实坐在课桌前集中注意力听讲，这样的想法是不切实际的，也不符合儿童的发展规律。

你有没有发现，即使是给5岁左右的孩子讲他喜欢的绘本，孩子仍然会时不时地东张西望，小动作不断。实际上，在这个年龄段，孩子集中注意的时间是有限的，家长不用过于焦虑。

孩子的时间概念也是逐步发展的，他们做事情拖拖拉拉，与时间概念尚不成熟有关。5岁左右的孩子刚刚能分清楚过去和未来，明白一天当中的顺序是早上、中午、晚上；8岁左右的孩子才能对什么时间做什么事情有个大概的印象。家长们明白了这些发展规律，才不会轻易被孩子的拖延行为惹怒，才能心平气和、想方设法地帮助孩子解决这些问题。

孩子执行功能的发展也是循序渐进的，我反复提过，掌管我们执行功能的大脑脑区——前额叶，恰好也是大脑中成熟得最晚的脑区，它要到20多岁才能逐渐发育成熟，并且每个人最终的发育水平也不同。所以，我们要求孩子具备很强的自控力是不符合现实的。有时候,你觉得孩子的行为不可理喻,似乎是故意不听话、不合作,其实并不是他故意找碴儿,而是因为真的做不到。如果我们过度施压,孩子的大脑还会产生有毒的压力,这反而会影响孩子自控力的发展。

此外,孩子在情绪控制方面的发展也同样需要时间和家长的耐心。孩子爱哭闹的一个主要原因是其大脑发育不完善,无法很好地控制自己的情感和行为。一般来说,孩子在 5 岁左右,大脑的执行功能会有一个明显提升,6 岁之后,因为生理问题(如饿了、困了)而引发的哭闹就会明显减少。所以,学龄前儿童的哭闹是很正常的,家长不需要太过焦虑,更不要给孩子贴上"爱哭鬼"的标签。

说到这里,相信家长们已经完全理解了孩子很多能力的"不足",其实都与他们大脑的发育有关。想要成为一名优秀的父母,我们需要学会等待,学会静待花开。

💡 第二站:大脑思维能力的发展是由具体到抽象的

孩子的认知、语言、数学等思维能力的发展是由具体到抽象的,这是因为孩子的思维发展具有顺序性。比如,孩子语言的发展是由口语到书面,数学的发展是由对具体物体的数量理解到对抽象数字的理解。所以,对于年龄越小的孩子,我们越要更多地借助具体的物品,让孩子在接触中理解事物。

比如我之前讲数学的时候说过,家长们可以用摆葡萄的方式指导孩子理解数量关系,用玩积木的方式提升孩子的空间思维能力。我们还可以多和孩子玩各种玩具和游戏,多带孩子去大自然看一看、摸一摸、闻一闻。

这些物理世界的具体知识是孩子发展抽象思维的重要素材，比过早地让孩子背诵《唐诗三百首》，教孩子做加减乘除法重要得多。

💡 第三站：大脑发育的可塑性需要丰富、合适的刺激

儿童时期是大脑神经连接形成和塑造的重要时期。在这个时期，经常被刺激的神经突触会被强化，科学家称之为"大脑的可塑性"。大脑发育的可塑性需要丰富、合适的刺激，孩子和父母的关系、孩子周围的环境、孩子积累的生活经验，这些都是刺激，都会影响孩子神经网络的形成。

丰富容易理解，那么，什么是合适的刺激呢？其实就是多和孩子一起唱唱跳跳、玩玩游戏、读读书。这些看似简单、没有功利心的活动，恰恰可以激活孩子大脑中负责言语、数学、运动的脑区，让孩子变得更聪明。

此外，刺激也不是越多越好，我们不需要把孩子的日程安排得满满当当，孩子的大脑需要时间来消化，也需要孩子自身主动探索。现在提倡"双减"，但有很多家长依然给孩子报了大量所谓的素质类培训班。这样做有可能会破坏孩子主动学习的兴趣，伤害他们的内在动机。家长要明白，让孩子接收过多的刺激，不给孩子"留白"，容易适得其反、得不偿失。

在此，我想特别强调的是，大脑接收到的刺激最好是多样化的。举个例子，有时候家长会利用各种软硬件程序或设备代替自己给孩子读书。虽然这种方式也能让孩子接收信息并保持专注，但我们要注意的是，这种方式只是利用了孩子的听觉输入信息，孩子的大脑基于语音输入构建了想象

的故事世界，由于视觉上缺乏同步输入，大脑就错过了书面文字和语言对应的学习机会，而这恰恰是亲子共读时可以获取的。换言之，亲子共读可以给孩子的大脑多样化的刺激，让孩子更全面地吸收知识。

💡 第四站：重视语言发展

语言在孩子早期认知发展中十分重要。以我自己为例，虽然我和两个女儿相处的时间并不多，但只要有时间，我非常愿意和她们聊天。为什么我这么重视孩子的语言发展，这么愿意和孩子聊天呢？原因就在于语言的发展可以提高孩子识字、阅读、外语以及表达技巧方面的能力。同时，聊天这种双向交流方式可以给孩子提供情感支持，带动孩子思考与反思，从而提高孩子的认知能力。更重要的是，这样的聊天互动还可以拉近亲子关系。

比如，在讲情绪时，我曾经提过，家长不应该否定或压抑孩子的情绪，而要接纳孩子的情绪。怎么接纳呢？我们可以通过语言和孩子一起描述情绪，讨论情绪，为情绪命名。这样的梳理与表达能帮助孩子更好地认识情绪、表达情绪和调节情绪。

我在谈反省智力的时候也讲过，家长们可以用语言鼓励孩子反思。语言是思维的工具，你和孩子对话的时候，他的大脑就在飞速运转，一边努力认识和理解自己和他人的情绪，一边思考自己的行为并进行调整。所以我常常说，孩子的大脑"越聊越聪明"。

在讲元认知的时候，我强调了父母和孩子聊天的重要性。聊天可以引导孩子不断地对比事前的认知和事后的结果，带动孩子对自己思考和判断的过程进行反思，提高元认知能力，也就是提高他对自己认知能力的监控和调节能力。

谈及记忆力时，我教过大家一个亲子对话小技巧，那就是让孩子当小老师，把在学校里学到的东西"教"给我们。这个过程中，孩子需要把外部输入的知识在大脑中进行思考加工，然后变成自己的所得，再组织语言进行输出。这样的过程会让孩子对某个事物的理解更深刻，记忆也会更牢固。

语言除了能带动思考，还有一项重要的功能——让亲子关系更稳固。我在亲子关系模块讲过，家长们要给予孩子快速、温暖的回应，要表达对孩子的接纳与肯定，要鼓励孩子和我们讲道理。只有这样，孩子才会信任家长，配合家长。

💡 第五站：大脑的发育离不开家长的正确引导

家长们一定会发现，很多时候孩子自己做出的选择是不合理的。比如，一起去吃自助餐，让孩子自己选择食物，如果我们没有事先向孩子灌输营养知识和饮食规则，孩子的餐盘上必然会出现各类油炸食品、各类甜食。这其实是人类的原始本能——我们都喜欢摄入高热量、高脂肪、高甜度的食品。同样，如果我们不做任何约束，孩子会看一整天的动画片、玩一整天的电子游戏，这也是他的天性使然。

在这本书中我反复提过要科学育儿，尊重孩子的发展规律，但科学育儿并不是放任天性，对孩子放手不管。真正的尊重，恰恰是把孩子当作孩子，明白孩子是需要家长的合理引导的。前面的章节也讲到，科学养育最重要的工具就是表扬和批评。表扬是鼓励孩子更好地做某些事情，批评则是限制孩子做某些事情，这样的引导就是为了给孩子的大脑和行为设定一个正确的大方向。

孩子受到表扬后，大脑的纹状体等奖赏脑区会变得特别活跃，这是大脑的奖励机制，它能激励孩子在做相关事情的时候表现得更好，积极性更高。与表扬一样，批评也很重要。但家长们要注意的是，批评的比例要合适，不能太多，而且要对事不对人。我们要肯定孩子的品质是积极向上的，只是做出来的结果出现了问题。另外，对孩子的批评，我们要给出具体的理由，因为人脑喜欢因果关系，有了理由才可能说服别人。

家长们最需要提醒自己注意的是，批评不是冰冷的指令，也不是单纯的情绪发泄，而是给予孩子切实的帮助。因此，我们在批评孩子之后，还要和孩子一起讨论出具体的改进方案。正确的批评，不会伤害孩子的自尊，也不会损害亲子关系。如果我们能够恰当地使用"表扬"和"批评"这两个工具，孩子就能在一定的规则下健康积极地成长。

💡 第六站：大脑能力和心理特质深受先天因素的制约

讲到气质时，我曾经提过，内向者和外向者的大脑活动存在差别。所以，孩子的气质大部分是由基因决定的。

讲到智商时，我也提过，后天因素对智商的作用是相对有限的。据统计，全世界人口中，大约68%的人的智商在85～115。先天因素决定了孩子智商的上限和下限，而后天因素则决定了孩子的智商最终落在哪里。我们提倡科学养育，一个非常重要的目的就是让孩子的智商发育到他们天赋的天花板，而不至于被耽搁。

不过，我之前也讲过，智商只是智力的一部分。虽然提升智商是比较困难的，但是后天的培养也可以让孩子的智力更出众。

💡 第七站：眼里有孩子，心中有规律

每个孩子都是不同的，都存在不尽相同的"问题"。以我的两个女儿为例，她们在气质、行为模式甚至智商的不同维度上，有着很大的差别。所以，我对她们的养育方式也是不同的。我在书中多次讲过孩子大脑发育和心理发展的大规律，但是孩子各有特点，作为父母，我们需要结合孩子的具体情况，在养育孩子的过程中，联系、内化这些大规律，举一反三，灵活调整，这才是真正的科学育儿。

我也一直强调，没有人是完美的父母，我的个人目标是做70分的父亲。而在陪伴孩子的过程中，我也一直在收获和成长。父母也是人，也会有情绪，也会犯错。有的父母越学习育儿知识越提心吊胆，生怕自己做错了什么而耽误了孩子，其实这样的焦虑完全没必要。我们学习科学育儿，就是让自己把这些养育的大原则潜移默化地运用到孩子的生活中，运用到陪伴孩子的过程中，就足够了。

孩子总会长大，他们有自己的成长规律和路径，我们只需要陪伴他们，引导他们成长。在这个过程中，家长也得到了学习与成长，这就是我经常爱说的育儿育己。多年以后，我相信你在回想陪伴孩子的时光时，一定会感慨：这真是一段美妙的旅程！

Dr. 魏解惑课堂

"ChatGPT 来了，我该怎么培养孩子应对未来？"

💡 **魏老师回答：**

目前这个阶段，如果你对某个事物有着深刻的理解和洞察，那么，人工智能暂时还没有办法取代你。举个例子，在游戏美术设计工作中，虽然一般性的、重复性强的美工创作已经可以交给人工智能来完成，但一些对综合能力和抽象能力要求比较高的设计工作，比如根据故事情节来设计整个游戏的美工风格和气质，目前还需要有经验的设计师来把控。同样，人和人工智能的分工，还体现在文案创作工作和编程工作方面。

就像会计软件对普通会计工作的取代一样，被以 ChatGPT 为代表的人工智能取代的工作只可能会更多。因此，在人工智能时代，人对知识的驾驭能力以及对知识的深层理解能力会越来越重要。同时，社会对人的创造力和审美品位的要求也会越来越高。

这种情况下，有三点需要引起父母的重视：

第一，培养孩子提问题的能力。提出一个好问题，首先要有发现问题的能力，之后要有清晰地定义问题和有效表达问题的能力。无论是现在还是未来，好的学习者都是带着问题学习的。

第二，关注孩子学习新知识的能力。如果孩子擅长学习，那么当他面对一个新挑战时，他会根据已有的知识体系和技能水平，快速地适应环境，投入到对新事物的学习中。这种灵活的学习能力可能是未来最重要的能力。为什么这么说呢？因为我们很难预测未来社会需要哪些岗位，又会有哪些新的工作会被创造出来。在这种情况下，学习新事物的能力，能赋予孩子再教育自己的机会。拥有这种能力，才能以不变应万变。

第三，最早被人工智能取代的职业，一定是无法对人工智能的侵入做出针对性改变的职业。对于孩子年龄尚小的父母来说，我们要尽可能地去拥抱人工智能的应用，去学习它、使用它，让它来为我们赋能。同时，我们也要逐渐地引导孩子参与使用，包括利用人工智能帮助学习。

和科技发展的速度相比，教育体制的变革往往是缓慢的、滞后的。在人工智能快速发展的大趋势下，家长们更应该提前为此做出一些改变，而不是等着学校教育做出调整，或者等着人才选拔体系做出改变。比如，以往很多家长更关注的是孩子的学习成绩，那么现在，我们应该更多地去关注孩子的学习能力、抽象思考能力、提问题的能力以及创新能力等。